Marjolaine Solaro



# Zéro déchet

## Toutes les astuces pour s'y mettre

FIRST
ÉDITIONS

ISBN : 978-2-412-04635-7
Dépôt légal : juillet 2019
Imprimé en Italie par L.E.G.O.

Mise en page : Istria
Correction : Odile Raoul

Éditions First, un département d'Édi8
92, avenue de France
75 013 Paris – France
Tél. 01 44 16 09 00
Fax 01 44 16 09 01
E-mail : firstinfo@efirst.com
Site internet : www.editionsfirst.fr

# Sommaire

# Avant-propos

Remplir la poubelle, sortir la poubelle. Remplir la poubelle, sortir la poubelle.

C'était une rengaine à laquelle je ne faisais pas attention. À peine rentrée des courses, je remplissais la poubelle d'emballages, de cartons, de blisters en plastique. À peine le repas terminé, je jetais les restes alimentaires et les pots de yaourts pour gaver encore un peu plus le bac à ordures. Une fois mon sac poubelle plein, je le mettais dans le conteneur et magie de la collecte des ordures, je récupérais un bac vide le lendemain, surtout qu'en région parisienne, le ramassage des déchets ménagers était presque quotidien.

Quand je suis devenue maman, ça a commencé à me chatouiller un peu cette histoire de déchets. Et je ne parle même pas des centaines de couches utilisées chaque mois qui s'ajoutaient à nos déchets de base. C'est devenu inconvenant ce tonneau des Danaïdes que je remplissais sans cesse et qui se vidait par magie. Car on ne vit pas dans la mythologie grecque et ces déchets, produits en quantité astronomique, finissent bien quelque part, à polluer la terre dont on se nourrit, l'eau que l'on boit et l'air que l'on respire.

Et puis ma famille a déménagé de la région parisienne vers la Bretagne. Alors que nous venions de nous installer dans un charmant petit village, la communauté de communes dont il dépend a mis en place un système de collecte des déchets draconien. Nous payons un forfait annuel pour les ordures ménagères qui ne comprend que treize ramassages par an (soit un toutes les 4 semaines), oui, vous avez bien lu... Si on le souhaite, on peut sortir nos ordures ménagères tous les 15 jours mais il faut alors payer pour chaque levée supplémentaire (les bacs ont une puce) et le coût est conséquent.

Pour une famille de 5, nous disposons d'une poubelle de 360 litres ce qui est devenu au fil du temps largement suffisant pour un mois d'ordures ménagères non-recyclables d'ailleurs, nous ne sortons même plus la poubelle chaque mois alors que cela nous semblait impossible de tenir le coup au lancement du système.

Certes, nous ne sommes pas une famille 100 % « Zéro Déchet », mais nous avons réussi à réduire drastiquement nos déchets et à en tirer un vrai bénéfice.

Nous n'avons pas tout changé en une journée, nous avons tâtonné pour trouver des solutions qui nous conviennent, nous avons testé des choses, nous avons renoncé à certaines pratiques qui étaient trop compliquées, nous avons regardé comment cela se déroulait ailleurs, nous nous sommes inspirés, nous

nous sommes trompés et surtout, nous continuons à apprendre, à faire des erreurs et à évoluer.

Avec ce guide j'ai envie de vous offrir des conseils bienveillants et non culpabilisants pour réduire vos déchets et pour vivre mieux. Pour chaque secteur de la maison et pour chaque étape de la vie quotidienne, je vous accompagne vers une voie de consommation différente, pour jeter moins et pour vous sentir mieux dans votre environnement – c'est le deuxième effet Kiss Cool de la réduction des déchets !

Si ce livre réussit à vous faire alléger votre poubelle significativement, il aura accompli sa mission. S'il a aiguisé votre envie d'aller plus loin, n'hésitez pas à vous plonger dans les sites et dans les livres proposés au fil de l'ouvrage. Si ce guide vous a plu, n'hésitez pas à le conseiller à votre médiathèque et à le prêter à vos amis pour continuer sa diffusion zéro déchet.

**En attendant, bonne lecture !**

Chapitre 1

# Le concept « Zéro Déchet » et son essor

Inconnu il y a encore quelques années, le mode de vie « Zéro Déchet » aussi appelé *zero waste* en anglais prend de plus en plus d'ampleur.

Le concept est simple : il invite à réduire au maximum les déchets que l'on produit pour atteindre le but ultime du zéro déchet ou presque !

**Comment ?**

- en refusant les objets et emballages qui ne sont pas nécessaires ;
- en réduisant les consommations au nécessaire ;
- en réutilisant ce que l'on ne peut ni refuser ni réduire ;
- en recyclant les matériaux qui peuvent l'être ;
- en compostant tout ce qui peut l'être.

Plus qu'une mode, ce concept séduit par différents aspects :

- il est écologique ;
- il est économique ;
- il permet de vivre plus sainement ;
- il permet de gagner du temps.

Le mode de vie « Zéro Déchet », c'est l'inspiration suprême, le but ultime pour qui veut réduire ses déchets.

Si vous posez le problème ainsi : « Voulez-vous un cadre de vie plus sain, avoir plus d'argent et avoir plus de temps ? », tout le monde vous répondra : OUI. Le problème étant que finalement, il semble assez compliqué, contraignant et chronophage de réussir à atteindre le zéro déchet (ou presque). Les pratiquants du zéro déchet peuvent passer pour des illuminés « hippie bobos » dont chaque minute est tournée vers ce mode de vie et cela peut faire peur. Pourtant, en introduisant les idées de **« Refuser, Réduire, Réutiliser, Recycler, Composter. »** dans son quotidien, on parvient forcément à avancer dans cette voie même si tout n'est pas parfait. On peut par exemple être proche du zéro déchet dans sa cuisine et très loin du compte dans sa salle de bain ou l'inverse.

Les tentations de consommer sont nombreuses, le plaisir de posséder ou d'admirer un bel objet est aussi réel même si cela n'est pas politiquement correct de le dire dans un livre sur la réduction des déchets, c'est ce que je pense en toute sincérité. Car ce que j'ai découvert en pensant en termes de zéro déchet, c'est qu'il s'agit aussi de s'offrir le luxe de mieux apprécier ce qui nous entoure et ce que l'on possède sans courir après un contentement hypothétique offert par la surconsommation. Le zéro déchet valorise l'être (le fait de vivre quelque chose) et le partage d'expérience par rapport à l'avoir.

## Les précurseurs

**Béa Johnson – www.zerowastehome.com**
**« Refuser, Réduire, Réutiliser, Recycler, Composter. »** est la devise de cette Française qui vit en Californie avec son mari et ses deux enfants. En 2006, elle décide de passer au mode de vie zéro déchet et en définit les règles en explorant les possibilités qui s'ouvrent à elle. Dans son best-seller *Zéro Déchet* (p. 157) elle partage son expérience et sa méthodologie. Véritable « prêtresse », son livre, sa médiatisation et les conférences qu'elle donne partout dans le monde permet l'essor du mouvement zéro déchet. La poubelle annuelle non recyclable et non compostable de sa famille de quatre personnes se résume en un bocal de moins d'1 litre et elle a réalisé 40 % d'économie en réduisant ses déchets ! Inspirant, pas vrai ?

Béa Johnson développe sans cesse de nouvelles manières d'explorer le concept et de porter la bonne parole. Elle a même développé une application **Zerowastehome** qui permet de localiser les magasins vendant des produits en vrac, évitant ainsi les emballages inutiles. Elle parvient à rendre le zéro déchet ludique et attractif en présentant sur son blog cinquante tenues différentes composées à partir des quinze pièces que contient sa garde-robe, chaussures comprises ! Sa maison est quant à elle régulièrement mise en avant pour son design épuré et terriblement photogénique.

**Colin Beavan – colinbeavan.com**
Également appelé « No Impact Man » – l'homme qui n'a pas d'empreinte – cet américain s'est lancé dans une expérience hors du commun : vivre avec sa femme et sa fille de 2 ans sans impact écologique durant un an à New York. Les règles : ne produire aucun déchet non compostable, se fournir en aliments produits à moins de 400 km de chez lui, n'utiliser aucun transport à énergie fossile et même, ne pas utiliser d'électricité durant 6 mois. Il a tiré de cette expérience vécue en 2009 un livre et un documentaire intitulés *No Impact Man* (p. 157).

**La famille zéro déchet – famillezero dechet.com**
Jérémy Pichon et Bénédicte Moret sont les parents de deux enfants. À eux quatre ils forment la famille presque zéro déchet. En une année, ils sont passés de

390 kg de déchets domestiques à seulement 35 kg. Dans un blog, ils racontent en dessins et en mots leur parcours vers le zéro déchet et partagent leurs astuces. Également très actifs sur leur page Facebook, ils fédèrent une communauté très impliquée par le sujet. Ils ont écrit deux livres sur la thématique (p. 157) et donnent désormais régulièrement des conférences pour parler de leur mode de vie.

**Zero Waste – www.zerowastefrance.org/fr**
Zero Waste France (anciennement Cniid: « Centre national d'information indépendante sur les déchets ») est une association indépendante de protection de l'environnement fondée en 1997. Cette association milite pour la réduction et la gestion plus durable des déchets. En moyenne, chaque français génère 590 kg de déchets par an qui sont pour la plupart enfouis ou brûlés, ce qui engendre des pollutions sur les sols, l'air et les océans. Face à cette situation, Zero Waste France propose la démarche zéro déchet, zéro gaspillage qui vise à réduire la production déchets et à mieux valoriser ceux que l'on produit.

L'association agit à trois niveaux:

- en tant que lanceur d'alerte pour faire connaître les enjeux et les problèmes liés à la gestion des déchets;
- sur le plan politique pour intervenir auprès des décideurs français et européens afin de faire avancer les lois dans le bon sens;

- sur le terrain, pour aider les collectivités, les entrepreneurs, les associations locales et les citoyens dans leurs projets zéro déchet, zéro gaspillage.

Malgré son ancienneté, cette association est malheureusement peu connue au regard de son action mais le mouvement « Zéro Déchet » en voie de popularisation grâce à Béa Johnson lui offre une nouvelle dimension.

**Dominique Loreau** – *L'art de la simplicité, simplifier sa vie, c'est l'enrichir*, éd. Robert Laffont.
Cette Française installée au Japon depuis les années 70 prône la simplicité. Elle encourage à se simplifier la vie en désencombrant son intérieur, notamment en possédant moins d'objets et en choisissant ceux-ci avec soin. Certes, elle ne parle pas directement du concept zéro déchet mais la démarche minimaliste qu'elle impulse s'en approche et tend à réduire la taille de sa poubelle.

**Marie Kondo** – *La Magie du rangement*, éd. First.
Auteur d'un best-seller Marie Kondo préconise une méthode extrême de désencombrement et de rangement. Selon la méthode Konmari, chaque objet doit avoir pour son propriétaire une utilité ou lui procurer du plaisir. Si un objet ne répond pas à ces critères, il faut s'en séparer. Une fois que l'on a juste les objets nécessaires à ses besoins et à son bonheur, il est alors plus simple d'être bien avec soi-même. Et si un nouvel objet rentre dans la maison, l'idée est de faire sortir un

autre objet. Selon Marie Kondo, avoir un rangement pour chaque objet permet de le trouver systématiquement et de ne pas surconsommer. Très zéro déchet dans l'idée même si elle ne met pas en avant la réduction des déchets au quotidien comme un bienfait de sa méthode.

## L'aspect écologique

Évidemment, le zéro déchet a bien un impact écologique. Nous consommons plus que ce que la Terre peut produire, ce qui signifie que nous vivons à crédit en termes de ressources. La Terre n'a pas le temps de se régénérer pour nous fournir à nouveau dans le futur dans les quantités que nous consommons. Que se passera-t-il lorsque nous aurons épuisé nos ressources ?

En moyenne, chaque Français jette presque 600 kg de déchets non recyclables par an. Ces déchets doivent d'abord être fabriqués puis être incinérés après usage, engendrant ainsi une pollution de l'air, des sols et des eaux à toutes les étapes de leur vie. Réduire ses poubelles, c'est réduire l'impact que l'on a sur l'écologie au quotidien.

## L'aspect économique

Vous allez acheter moins de choses, de meilleure qualité, en gros, avec le moins d'emballage possible et le plus souvent d'occasion ou directement chez le producteur. Vous avez donc le quinté gagnant pour des achats qui vous font faire des économies. Acheter moins, on comprend tout de suite pourquoi cela aide le porte-monnaie. De meilleure qualité, signifie que le produit dure plus longtemps et a besoin d'être remplacé moins régulièrement. En gros, signifie également moins cher à l'unité. Le moins d'emballage possible est également source d'économie car vous payez aussi l'emballage quand vous achetez un produit ou une denrée alimentaire.

Acheter d'occasion est forcément moins cher que du neuf et l'achat directement au producteur raccourcit les intermédiaires et donc, les commissions. Jeter moins allège les impôts collectés pour le ramassage et le recyclage des déchets. Votre porte-monnaie vous dira merci !

## L’aspect positif pour la santé

Réduire ses déchets a également un impact direct sur votre santé !

Vivre zéro déchet, signifie ne plus manger de produits suremballés et manufacturés, ne plus manger de la viande à tous les repas, choisir avec soin les produits consommés. Entre un hachis Parmentier en barquette sous vide et un hachis Parmentier maison, non seulement vous vous y retrouvez niveau goût mais aussi côté santé. En préparant le deuxième avec les produits achetés chez des petits producteurs locaux et bio, vous gérez vous-même la dose de sel et de gras, vous avez l’assurance d’avoir une viande de qualité et de goût supérieurs à ceux d’une bête élevée de manière industrielle. Vous savez que les pommes de terre que vous cuisinez n’ont pas subi de traitement aux pesticides. Vous avez la certitude qu’il n’y a pas d’additifs, de colorants, de conservateurs. Plus vous êtes maître de ce que vous consommez, mieux vous consommez, mieux vous vous sentez !

Chapitre 2

# Faire ses courses et recycler

Être consommateur, c'est être acteur. Nos choix au quotidien ont un impact sur l'économie. L'offre et la demande sont des points essentiels même si ces dernières décennies, les industriels ont inventé de nouvelles offres qui ne répondent pas aux demandes des consommateurs en leur créant de nouveaux besoins. C'est à nous de savoir quels sont nos besoins et de les maîtriser pour ne pas être sous la coupe du système. Dit comme ça, cela semble simple et pourtant, c'est tout un cheminement qu'il faut souvent revoir. Les hypermarchés, les centres commerciaux, les galeries marchandes, les boutiques en ligne nous offrent des milliers de tentations exacerbées par la publicité. Cela fait tellement partie de notre société qu'il n'est pas aisé de s'en détacher et d'intellectualiser nos achats.

Qui ne s'est jamais retrouvé dans un grand magasin de meubles pour acheter une étagère pour en ressortir finalement avec un sac de cinquante bougies chauffe-plat, des serviettes jetables à fleurs pour l'apéro et des couverts en plastiques ? Des achats d'impulsion pas nécessaires au quotidien qui auront une vie éphémère et qui peuvent être remplacés par des choses durables ?

Qui n'a jamais ajouté un produit à son panier en ligne pour atteindre la somme qui permet d'obtenir la livraison gratuite, achetant ainsi quelque chose dont il n'avait pas besoin ?

Réduire ses déchets, c'est prendre conscience de cela et mettre en place des actions au quotidien. La manière dont on fait ses courses est la première chose sur laquelle il est important de se pencher.

## Une nouvelle philosophie

**Refuser, Réduire, Réutiliser, Recycler, Composter.**
Dans cet ordre. Voilà votre nouveau mantra.
**Refuser** toutes les choses dont vous n'avez pas besoin. Et cela dans le maximum de domaines qu'il vous est possible de supporter. Dites non à la dosette de café dans votre cuisine, dites non aux salades sous sachet plastique au supermarché, dites non à la compote en gourde pour le goûter, dites non à la paille et à son ombrelle dans votre cocktail au bar, dites non à la savonnette offerte dans votre chambre d'hôtel, dites non à ce prospectus dans votre boîte aux lettres, dites non à la cinquième paire de sandales pour votre dressing, dites-non au gel douche dans votre salle de bain, etc.

Quand vous faites vos courses, dites non aux produits suremballés, dites non aux achats inutiles qui vont gonfler votre poubelle, dites non au sachet plastique.

**Réduire** en se limitant à ses besoins. Peut-être la chose la plus ardue à réaliser. Cela commence par faire un inventaire de ses possessions et de ne garder que les choses nécessaires. Avoir moins de choses permet de gagner du temps et de savoir où elles sont. On ne garde plus un objet « au cas où » car bien souvent, quand « au cas où » arrive, on ne se souvient plus que l'on possède cet objet ou on ne le retrouve plus.

Donnez, vendez ou mettez à recycler les objets dont vous n'avez pas l'utilité ou que vous avez en surnombre. Dans cette phase, la lecture du livre de Marie Kondo (p. 157) peut-être un allié précieux. N'hésitez pas à participer à un vide-grenier pour vous désencombrer en récupérant un peu d'argent.

Il s'agit aussi de réduire sa manière de consommer en achetant seulement les choses nécessaires. Pourquoi acheter une grande quantité d'aliments en promotion au risque de ne pas tous les consommer ? Pourquoi avoir une trentaine de serviettes de toilette alors que l'on ne les utilise pas toutes en même temps et même parfois pas du tout pour certaines ?

Il est aussi question de réduire de manière générale sa manière de consommer pour réduire sa poubelle et, donc, son impact écologique.

**Réutiliser** le plus possible. Notre société a tendance à fabriquer des produits à usage unique comme les serviettes en papier ou les sacs plastiques qui sont pourtant facilement remplaçables par leurs homologues réutilisables ou à obsolescence programmée en ce qui concerne l'électroménager et l'électronique. Avant d'acheter, réfléchissez à ce dont vous avez besoin. Faites des listes si cela peut vous aider. Pourquoi acheter un nouveau manteau alors que celui de l'an passé vous va très bien et qu'il est encore en bon état ?

Réutiliser inclut aussi la notion de prendre soin, de réparer. Nos décharges sont encombrées d'objets cassés, non réparés qui pourraient avoir une longue vie. Acheter d'occasion est aussi une manière de réutiliser, de donner une deuxième vie à un objet sans épuiser de nouvelles ressources.

**Recycler** ce que l'on ne peut ni refuser, ni réduire, ni recycler. Oui, mais attention : le recyclage n'est pas une fin en soi. Mieux vaut un produit réutilisé qu'un produit recyclé. Certains plastiques se recyclent mais perdent en qualité à chaque recyclage pour finir par ne plus l'être et par devenir un déchet polluant. Les métaux, le papier et le verre se recyclent plutôt bien mais ont un coût pour la société. De plus, les politiques des différentes collectivités ne sont pas les mêmes en termes de recyclage et l'on est loin d'obtenir un système satisfaisant. Cependant, même Béa Johnson admet que l'on ne peut vivre en société sans produire un minimum de déchets recyclables (p. 157).

**Composter** tout ce qui peut l'être. Le compostage permet de transformer les matières organiques en terreau. Parfait pour les déchets alimentaires, c'est une vraie valorisation du déchet qui va pouvoir enrichir le jardin. Il existe différentes sortes de composteurs qui s'adaptent à tous les modes de vie.

On peut certes composter les restes alimentaires mais aussi les objets en bois et les tissus en fibres naturelles.

## S'équiper

Pour pouvoir acheter différemment, il faut s'équiper différemment. Si vous ne possédez pas ces objets, un certain investissement de base est nécessaire mais vous pouvez choisir de faire cela étape par étape, à votre rythme. Vous n'avez pas non plus besoin de vous débarrasser de l'équipement que vous possédez déjà parce qu'il n'est pas recyclable ou compostable. Si par exemple vous avez des grands cabas en plastique ou des boîtes en plastique utilisez-les jusqu'à ce qu'ils meurent de leur belle mort et à ce moment-là, remplacez-les par leur équivalent en tissu et en verre !

**Boîte à astuces**

Rapporter systématiquement les sacs en papier chez le maraîcher pour qu'il les remplisse en attendant de passer le cap du tissu. Si vous avez des boîtes en plastique type Tupperware® et qu'elles ont encore de belles années devant elles, utilisez-les pour faire vos courses ! L'avantage du verre est qu'il permet de voir ce que le bocal contient et qu'il évite le gâchis dû à l'oubli.

Utilisez des pots en pyrex si vous en avez dans vos placards mais n'en achetez pas, le pyrex ne se recycle malheureusement pas. Les sacs en amidon de maïs ou de pomme de terre pour le vrac et les légumes se compostent mais leur fabrication nécessite tout de même de l'énergie et des ressources.

Voilà l'équipement nécessaire à des courses zéro déchet, en quantité à définir selon le nombre d'habitants de votre maison :

- des grands cabas en tissu,
- des petits sacs en tissu ou en tulle de toutes les tailles : pour le pain, l'achat en vrac, les fruits, les légumes... – le mieux étant de les coudre soi-même dans un tissu de récupération,

- un panier en paille ou un sac à dos,
- des bocaux en verre pour la viande, le fromage…,
- des bouteilles et des gourdes pour les liquides,
- des bocaux en verre et des boîtes en métal pour le rangement à la maison dans les placards et dans le réfrigérateur,
- une boîte à œufs en plastique,
- un caddie à roulette pour les citadins qui vont faire leurs courses à pied.

**La liste de courses**

La liste de courses est un impératif. Elle vous permet non seulement de ne pas oublier ce dont vous avez besoin mais elle vous permet aussi de vous focaliser seulement sur vos besoins. Vous pouvez la rédiger au fur et à mesure sur une note de votre téléphone (vraiment zéro déchet) ou l'écrire sur le verso d'une feuille déjà utilisée accrochée sur votre réfrigérateur. Le top étant de prévoir ses menus à l'avance pour faire exactement les courses en fonction des besoins.

# Trouver où acheter zéro déchet

Quand on fréquente régulièrement les hypermarchés, quand on commande en un clic sur internet, on se rend compte que c'est difficilement compatible avec le zéro déchet ou la simple réduction de ces derniers. Tout ou presque est sous emballage plastique. La charcuterie, les pâtes, les yaourts et même les légumes et les fruits – bio ou non d'ailleurs. Les vêtements aussi viennent dans leurs sachets plastiques transparents non recyclables, avec leurs étiquettes et leurs cintres. Il faut alors explorer un nouveau terrain de jeu pour ses achats.

**Les petits commerces de proximité**

Quand on achète chez le poissonnier ou le boucher, on peut éviter l'emballage en demandant à être servi directement dans le contenant que l'on apporte. On peut tendre son sac à pain au boulanger pour éviter le petit papier hygiénique. On peut acheter du bon miel local – et pas chinois qui a voyagé et dont le goût est peu intéressant – en pot en verre. On peut mettre ses légumes tout frais dans un sac en tissu chez sa maraîchère qui, en plus, apprécie le geste qui lui occasionne des économies ! On peut demander à son fleuriste de ne pas mettre de plastique autour du bouquet à offrir à belle-maman. Bref, on peut avoir un impact immédiat sur les déchets d'emballage que l'on rapporte et cela permet également de favoriser la discussion avec les petits commerçants sur le sujet. Et vous verrez, à l'usage, ils vous reconnaissent et vous parlent spontanément de leurs améliorations sur le sujet !

**Les marchés**

Comme dans les boutiques de proximité, vous êtes en face à face avec les petits producteurs et petits commerçants. Les produits ne sont pas systématiquement emballés sous plastique et vous avez la possibilité de présenter vos propres contenants. C'est aussi un lieu propice au vrac où les étals vous proposent un choix riche en goûts et en cultures différentes. À noter qu'aucune loi ne permet à un commerçant de refuser de remplir vos propres contenants.

**Les producteurs, les AMAP**

En achetant directement chez le producteur, vous achetez à bas prix puisqu'il n'y a pas d'intermédiaire entre vous. Vous pouvez également acheter avant la phase d'emballage. En Bretagne où je vis, il est courant d'acheter un cochon ou un bœuf à se partager en famille. On récupère sa viande préparée à une date donnée chez l'éleveur et on congèle ensuite. Le must en termes de qualité, de prix et d'emballage. Adieu la viande aux hormones sous barquette polystyrène !

**Les magasins de vrac**

Le vrac est très présent dans les magasins bio. Cela permet d'acheter exactement la quantité de produit dont on a besoin. Cela évite ainsi le gâchis et les emballages inutiles si vous utilisez des sacs en tissu ou des contenants en verre.

**Boîte à astuces**

Lors de vos vacances, profitez-en pour acheter les spécialités de la région où vous vous trouvez directement chez les petits producteurs. Du sel à Guérande, du fromage de montagne dans les Alpes ou les Pyrénées, du vin dans le Bordelais ou en Bourgogne... La réduction des déchets vous fait vous concentrer sur des produits de qualité et c'est tant mieux !

### Les magasins de seconde main

Chez Emmaüs ou dans les dépôt-vente, vous donnez une nouvelle vie à des objets délaissés par leurs propriétaires. Ces objets déjà existants peuvent tout à fait remplacer les objets que vous achèteriez en magasin. Pour les meubles, c'est une vraie mine d'or, surtout si vous êtes un peu bricoleur. Vous pouvez également y trouver de quoi remplir les placards de votre cuisine en y dénichant de la vaisselle, des couverts, des verres, des casseroles... Côté vêtements, tout le monde n'est pas forcément prêt à porter de la seconde main et pourtant, c'est une des denrées les plus facilement disponibles d'occasion vu le changement des collections de mode. Cela vous permet aussi de trouver un objet qui vous fait rêver et dont le prix neuf est inaccessible comme une très belle cocotte en fonte ou un sac à main en cuir.

**Les vide-greniers**

Chiner, c'est pour certain un plaisir et c'est tout à fait zéro déchet dans l'esprit. Il faut voir la fréquentation des vide-greniers comme une sorte de chasse au trésor. En faisant une liste de vos besoins, vous partez à la recherche du Graal parmi les dizaines d'exposants. N'hésitez pas à demander directement aux vendeurs s'ils possèdent ce que vous recherchez, négociez si le prix vous paraît élevé et vous serez surpris de ce que vous parviendrez à trouver.

**Les sites d'occasion en ligne**

**Leboncoin.fr** est par exemple un site français qui vous permet d'acheter d'occasion des objets pas loin de chez vous, ce qui évite ainsi les frais d'envoi.

**Vinted.fr** : c'est le site de référence pour les achats et ventes d'occasion de vêtement entre particuliers.

**Les groupes Facebook de troc**

C'est une pratique qui se propage et qui fait des heureux. Vous proposez un objet à échanger et vous voyez ce que l'on peut vous offrir en retour et vice-versa !

**Les applis anti-gaspi**

**Toogoodtogo.fr** : cette appli vous permet d'acheter moins cher des denrées alimentaires qui seraient jetées faute d'être vendues et valorise les invendus des commerçants.

**Les copains**

Vous cherchez une table pour votre salon ? Parlez-en autour de vous ! Parmi vos amis, il y a toujours quelqu'un qui cherche à se débarrasser de quelque chose qui ne lui convient plus et qui sera ravi que vous offriez une seconde vie à son objet ! De même, quand vous souhaitez vendre ou donner un objet, passez le message dans votre entourage. La réduction des déchets adore le troc et permet à tout le monde d'y trouver son compte.

**Le trottoir**

Dans les villes, c'est impressionnant ce que vous pouvez trouver sur le trottoir ou à proximité des poubelles : sacs de vêtements, livres, meubles, électro-ménagers, jouets…

**La nature**

Quand on ouvre les yeux – particulièrement quand on vit à la campagne, je vous l'accorde –, il y a un paquet de choses à ramasser autour de soi selon les saisons : des noisettes, des champignons (en faisant attention à ce qu'ils soient bien comestibles), des châtaignes, des bouquets de fleurs sauvages, des coques quand on vit près de la mer (en respectant les règles pour chaque zone de pêche à pied), du petit bois pour la cheminée, des pissenlits pour les lapins…

### Éviter la tentation

En vous désinscrivant des sites de ventes privées qui poussent à la consommation. Ces sites vous incitent à acheter des choses dont vous n'avez pas forcément besoin. J'ai un jour fait l'inventaire de toutes les choses que j'avais achetées sur ces sites en pensant faire une bonne affaire. J'avais acheté par peur de manquer la bonne opportunité et finalement, je portais peu les vêtements achetés par ce biais qui me plaisaient moyennement et dont la coupe n'était pas forcément pour moi. Me désinscrire des mails quotidiens que je recevais à fait disparaître cette peur de manquer quelque chose (pour les réseaux sociaux, on dit aussi FOMO = Fear Of Missing Out)

Il arrive souvent que nous ayons besoin de faire un achat non prévu. Le meilleur moyen de ne pas se retrouver avec des emballages inutiles est d'avoir toujours sur soi un sac en tissu. À vous de voir où il est le plus utile : dans votre sac à main, dans votre sac à dos, dans votre voiture, dans le panier de votre vélo… Ce petit sac vous permet aussi de glaner en toute simplicité.

Essayer, se tromper, avancer : réduire ses déchets, ça ne se fait pas en un jour. Même si vous ne visez pas le zéro déchet, votre envie de réduire votre impact environnemental et d'améliorer votre qualité de vie est un plus. Pour vous et plus largement pour la société. Vous avez le droit d'essayer des choses qui ne vont pas vous convenir et vous avez le droit de les abandonner parce qu'elles ne sont pas compatibles avec votre mode de vie. Réduire ses déchets, c'est aussi faire un saut dans le vide en perdant ses repères. Faites les choses à votre mesure.

## Le recyclage

Le verre, les emballages plastiques (lessive, bouteilles, etc.), les boîtes de conserve, le carton sont habituellement recyclés par les collectivités. Pour faire les bons gestes de tri, affichez chez vous les recommandations de votre ville sur le sujet, n'hésitez pas à appeler la hotline si vous ne savez pas quoi faire d'un déchet et renseignez-vous sur les différentes pratiques des bacs de recyclage dans les magasins.

**Les ampoules et les piles**
Vous trouverez un bac de collecte des ampoules usagées dans les enseignes qui les vendent. Les ampoules

basse consommation se recyclent mais ce n'est pas le cas pour toutes les sortes d'ampoules. Les halogènes, très gourmandes en consommation électrique, ne sont pas recyclables. Les piles contiennent des métaux lourds (mercure, zinc, plomb) extrêmement polluants. Pour limiter votre impact, vous pouvez investir dans des piles rechargeables qui vont durer des années. Une pile jetée dans la nature suffit à contaminer 1 $m^3$ de terre durant 50 ans ! Quant à leur élimination dans les ordures ménagères, elle entraîne une sévère pollution. Il est donc très important d'apporter ses piles en fin de vie vers un système où leur recyclage est pris en charge. Il existe également l'opération « Piles solidaires » qui est un projet réalisé dans les établissements scolaires à double valeur pédagogique qui mise sur l'éco-citoyenneté en apprenant les enjeux et les gestes du recyclage des élèves et la solidarité en soutenant une organisation caritative (p. 152). En dernier recours, vous pouvez déposer vos ampoules et vos piles usagées en déchetterie.

**Les bouchons**

Plusieurs associations et entreprises sociales et solidaires collectent les bouchons en plastique et en liège. Les matériaux ainsi récupérés sont vendus pour être recyclés. Les fonds collectés permettent à l'association d'acheter du matériel pour les personnes handicapées. Selon l'association, il peut s'agir de fauteuils roulants, de chiens d'aveugle, etc. Le recyclage est alors maximisé et pourvoyeur de fonds pour ces organismes. Les points de collectes sont nombreux et vous en trouverez certainement autour de vous chez vos commerçants, sur votre lieu de travail ou dans les écoles de vos enfants. Vérifiez bien sur le bac de collecte quels sont les bouchons acceptés et demandez si besoin des précisions au référent de l'association (p. 153). Le recyclage du plastique permet de limiter la consommation de pétrole : une tonne de plastique recyclé = 3 tonnes d'équivalent pétrole (source : APME).

**Les biodéchets**

Si vous n'avez pas de composteur, sachez que de plus en plus de municipalités collectent les biodéchets pour les valoriser. Certaines proposent même la distribution de poules qui allègent largement la poubelle des déchets ménagers.

**Le tissu**

Les bornes du Relais (p. 153), un groupe d'entreprises à but socio-économique, collectent les vêtements et chaussures. Ils sont ensuite revendus ou recyclés mais 3 % terminent tout de même à l'incinération.

**Les encombrants**

S'ils ne peuvent avoir une seconde vie auprès des associations de collectes, apportez-les en déchetterie ou sortez-les sur le trottoir exclusivement aux dates prévues.

**Les déchets électriques et électroniques**

En moyenne, un Français jette 22 kg de déchets de ce type par an. 50 % de ces appareils seraient réparables et terminent quand même à la déchetterie. L'obsolescence programmée est un vrai fléau. Avant de les mettre au rebut, tentez de les réparer grâce aux ateliers de réparations aussi appelés « repair café ». Certains sites comme **www.spareka.fr** propose des pièces détachées pour permettre la réparation à la maison de ces objets. Sinon, même punition que les encombrants. Si le sujet vous importe, rejoignez l'association HOP (Halte à l'Obsolescence Programmée, p. 152).

Chapitre 3

# La cuisine

Si l'on regarde un peu autour de nous, on se rend compte que tout ce que l'on mange est sous emballage. Le plus souvent non recyclable. Le moindre carton alimentaire possède une petite fenêtre en plastique, la viande est sous barquette de polystyrène, le plastique des pots de yaourts est trop fin pour être recyclé, tout comme l'opercule en aluminium qui les maintient fermés… Vouloir diminuer ses déchets, c'est reprendre possession de sa cuisine en y passant du temps, en explorant de nouvelles recettes et, cerise sur le gâteau, en régalant toute la famille.

Demandez à mes enfants qui est la reine du yaourt nature ? Je vous assure qu'elle ne se trouve pas dans les rayons des supermarchés !

## … bon équipement

…lacards et tiroirs de cuisine, vous
…us n'utilisez pas la moitié des
…t. Réduire les ustensiles à dis-
…re gagner du temps lorsque vous
…s évite de chercher ce dont vous
…u d'une foule d'objets.

**Boîte à astuces**

Pourquoi ne pas mettre en commun des robots alimentaires avec vos amis proches ou vos voisins. Un appareil à raclette ou à fondue peut, par exemple, facilement se partager. Et si vous vous lanciez dans la garde partagée d'un gaufrier avec les parents des copains de vos enfants ?

Le bon équipement est celui qui va convenir à vos besoins. Si vous êtes célibataire et que vous recevez peu, la cocotte-minute pour huit personnes n'est pas vraiment utile. Si jamais vous en avez besoin un jour, vous pourrez peut-être l'emprunter à quelqu'un de votre entourage ? Et que dire des trois cuillères en bois que vous possédez mais qui se cachent dans votre cuisine au moment où vous avez besoin de l'une d'elles ? Après un an de travaux et 7 mois sans cuisine, j'ai ouvert les cartons pour remplir les placards de ma nouvelle cuisine et j'ai réalisé que peu de choses m'avaient vraiment manqué. Je me suis lancée dans un tri façon Marie Kondo et je n'ai gardé qu'un tiers de nos possessions d'ustensiles culinaires, à mon grand étonnement

Le matériel indispensable :

- des couteaux de qualité,
- un aiguise-couteau,
- un épluche-légumes,
- une planche à découper en bois,
- une passoire,
- une cocotte-minute ou une cocotte en fonte,
- des casseroles (chiffres à définir selon votre situation familiale),
- une ou deux poêle(s),
- un robot multifonctions pour râper vos légumes, pétrir vos pâtes, monter vos œufs en neige, mixer vos soupes et vos smoothies,
- un four de compétition avec une plaque de cuisson en bon état,
- un congélateur spacieux – à dégivrer régulièrement pour ne pas surconsommer d'énergie,
- des plats qui passent au four.

Vous pouvez peut-être vous passer d'eux : la bouilloire car chauffer de l'eau à la casserole n'est pas sorcier, la yaourtière (au four, ça fonctionne bien aussi), le rice-cooker, la râpe multifonctions qui coupe surtout les doigts…

**La machine à café**

C'était vraiment le point noir de ces dernières années dans ma cuisine. Cette machine à café qui fait des expressos et qui génère chaque jour son lot de déchets en capsules et en emballages plastiques si on achète les marques génériques.

Les alternatives sont nombreuses, pas toutes zéro déchet mais quand même plus clean que ces capsules qui s'accumulent : la vieille cafetière traditionnelle à filtre (lavable ou compostable en papier), les machines à dosettes en papier, les cafetières à piston, la cafetière turque ou, si vous êtes un vrai amateur de café : la machine à café en grains.

## Cuisiner autrement

Pour limiter vos déchets, il va falloir cuisiner. On oublie les barquettes de plats préparés, les cordons bleus sous plastique, la soupe en brique, les yaourts et crèmes desserts en pots individuels non recyclables et j'en passe. Le temps que vous allez passer en cuisine, c'est un temps de qualité que vous vous offrez.

Cuisiner est désormais un moment que j'apprécie et qui fait partie d'une routine agréable alors qu'avant, c'était plutôt : je réchauffe les cordons bleus, bon appétit ! Maintenant, j'écoute la radio en épluchant les légumes pour ma soupe pendant qu'une compote cuit à petit bouillon. On cuisine en famille et on exploite les qualités de chacun : même les enfants participent à la confection des desserts et des goûters.

Et puis, en achetant différemment, vous apprenez à cuisiner de saison. C'est quelque chose que l'on avait perdu, le lien avec les saisons, à force de voir des tomates et des concombres (bio ou pas !) dans les rayons toutes l'année. C'est aussi manger moins de viande et de poisson en les achetant de bonne qualité dont on connaît et soutient l'élevage et la provenance.

Pour trouver l'inspiration, ouvrez vos livres de cuisine, cherchez sur internet et demandez à vos amis les recettes de leurs plats fétiches !

Cuisiner quotidiennement peut aussi être un peu lourd quand on a une baisse de motivation. Alors pensez à voir grand. Préparez des plats que vous pouvez congeler ou manger durant plusieurs jours, organisez un petit planning et réarrangez vos restes ! Un reste de ratatouille donnera du relief à une omelette, un fond de casserole de pâtes vous ravira sauté à la poêle avec quelques petits légumes frais, les petits pois de midi se retrouveront dans le riz cantonais de demain…

N'hésitez pas à congeler aussi des pâtes à tarte ou à sablés pour les jours où vous aurez moins de temps ou moins d'énergie.

## Mes recettes

Je ne suis pas une grande cuisinière. Je compose essentiellement des salades, des quiches, des gratins, des pâtes à la bolognaise ou des escalopes à la crème… Le vrai cordon bleu à la maison, c'est mon mari. En revanche, je suis la reine des desserts et des goûters ! Ça tombe bien, ces deux repas sont pourvoyeurs d'un nombre invraisemblable de déchets.

**Yaourts à la yaourtière**
Ingrédients pour 8 yaourts :

- 1 litre de lait entier ou ½ écrémé bio
- 1 yaourt (au début du commerce dont la date de péremption est la plus lointaine possible puis à chaque tournée, gardez un yaourt pour la prochaine)

Mélangez le tout au mixer durant une minute puis laissez reposer. Vous pouvez ajouter du miel ou de la confiture ou tout ce que vous aimez au fond du pot pour aromatiser vos yaourts ou les garder natures.

Je lance ma fournée à la fin du dîner et avant de me coucher, je relance la yaourtière (c'est un vieux modèle) pour que la température reste haute au maximum. Et je laisse cuire une douzaine d'heures. Au matin, je place mes yaourts au réfrigérateur et ils sont bons à consommer dès le midi.

**Astuce** : pour avoir des yaourts bien fermes, j'entoure ma yaourtière d'un torchon plié pour que la chaleur reste plus longtemps. On peut aussi ajouter un pot de yaourt de lait en poudre si vraiment on ne les trouve pas assez fermes.

**Yaourts au four**

Ingrédients pour 8 yaourts :

- 1 litre de lait entier ou ½ écrémé bio
- 1 yaourt (au début du commerce dont la date de péremption est la plus lointaine possible puis à chaque tournée, gardez un yaourt pour la prochaine)

Préchauffez votre four à 40 °C. Si votre four n'indique pas cette température, réglez-le au plus bas. Faites chauffer votre lait à la casserole jusqu'à 40 °C. Hors du feu, ajoutez le yaourt puis mélangez. Versez le liquide obtenu dans les pots de yaourt. Enfournez pour 2 heures. Ensuite, éteignez le four sans ouvrir la porte et laissez reposer toute une nuit. Au matin, placez vos yaourts au réfrigérateur. Vous pouvez aromatiser vos yaourts en y ajoutant de la vanille ou du sucre durant la cuisson du lait.

Il est plus simple de faire de grosses tournées de yaourts au four donc n'hésitez pas à doubler les doses !

**Mousse au chocolat**
Ingrédients pour 8 mousses :

- 200 g de chocolat pâtissier
- 6 œufs
- 8 pots

Séparez les blancs des jaunes. Battez les blancs en neige. Faites fondre le chocolat et mélangez-le aux jaunes. Incorporez les blancs en neige au mélange précédent. Versez dans des petits pots et conservez au réfrigérateur. À consommer maximum dans les trois jours. Mais elles n'ont jamais une durée de vie aussi longue !

**Crème caramel**
Ingrédients pour 8 parts :

- 5 œufs
- 100 g de sucre
- ½ litre de lait bio (demi-écrémé ou entier)
- 80 g de sucre pour le caramel
- 1 moule à cake ou à gâteau

Faites bouillir le lait à la casserole. Mélangez les œufs et les 100 g de sucre et ajoutez le lait encore chaud en battant au fouet manuel en prenant garde à ne pas vous brûler. Faites fondre les 80 g de sucre à la poêle (sans eau ni beurre) pour obtenir un caramel. Dès que tout le sucre est liquide, tapissez le fond de votre moule. À nouveau, faites extrêmement attention à ne pas vous brûler durant la manœuvre. Ajoutez la première préparation. Enfournez à 140 °C pendant 1 heure. Attendez que le plat refroidisse un peu pour démouler. Mangez la crème une fois qu'elle a refroidie. Vous pouvez aussi la réaliser en portions individuelles dans des petits ramequins !

**Cookies aux flocons d'avoine**

Après des années de recherches, j'ai finalement trouvé la recette parfaite et facile pour de délicieux cookies maison.

Ingrédients pour 26 cookies :

- 120 g de flocons d'avoine
- 160 g de farine de blé
- 80 g de farine de châtaigne (si vous n'en avez pas, remplacez par de la farine de blé)
- 1 sachet de levure chimique
- 2 œufs
- 100 g de chocolat pâtissier ou de pépites. Je coupe grossièrement le chocolat pâtissier pour en faire des gros morceaux.

- 150 g de sucre (de votre choix)
- 120 g de beurre demi-sel (du doux peut convenir aussi) ramolli

Préchauffez le four à 180°C. Mélangez les flocons d'avoine, la farine, la levure et le sucre. Ajoutez les œufs puis le beurre et enfin le chocolat. Réalisez des petites boules (j'en fais 12 par plaque) et aplatissez-les un peu. Enfournez 10 minutes, pas plus, et laissez refroidir !

**Compote**

Et dire qu'il y a quelques années, les compotes en gourdes n'existaient pas. Elles sont désormais dans tous les cartables et remplissent les déchetteries car elles sont très compliquées à recycler.

Pour la compote, rien de plus facile. J'épluche mes pommes qui font la base de chaque tournée et j'ajoute si besoin les fruits qui commencent à faire la tête. Pour varier les plaisirs, j'ajoute au choix: une gousse de vanille, de la verveine séchée ou du romarin du jardin, un trait de citron... Je suis surprise de voir à quel point les enfants aiment ces différents goûts. Elle se conserve parfaitement bien en pot de verre et si on la prépare dans les mêmes conditions qu'une confiture maison, elle se conserve des mois. Il existe désormais des gourdes en plastique que l'on peut recharger avec de la compote maison et laver après chaque utilisation. Pour en savoir plus, allez à l'encadré sur le goûter (p. 49)!

## Un goûter quasi zéro déchet

Si votre enfant doit apporter son goûter à l'école ou au sport, voilà un petit équipement qui vous permettra un goûter zéro déchet ou presque :

- un sac en tissu ou en toile enduite qui ferme avec un scratch ou des boutons pression. Les dimensions idéales selon mes standards : 15 cm x 25 cm,
- une boîte pour mettre les gâteaux,
- une petite gourde en aluminium ou en inox,
- un pot de yaourt qui ferme bien rempli de compote ou un fruit à croquer. Si votre enfant est accro aux gourdes, vous pouvez opter pour les gourdes rechargeables (marque Squiz®) qui se remplissent par le fond. Elles sont certes en plastique mais une gourde à recharger remplace au moins 50 gourdes jetables non recyclables,
- une débarbouillette,
- si votre enfant aime boire à la paille, investissez dans des pailles en bambou compostables ou des pailles en inox qui durent toute la vie ou presque.

**Green smoothie**
Pour changer des compotes et des fruits à croquer, le smoothie est parfait pour le goûter ! Après avoir découvert la tendance des green smoothies en 2014 sur Instagram, je parviens même à faire manger à mes enfants des épinards au goûter et ils en redemandent.

Voilà la formule magique pour 2 grands verres de smoothies : 2 grands verres de légumes feuillus verts + 2 grands verres de liquide + 3 grands verres de fruits. Passez au blender position « smoothie » en mettant les feuilles et le liquide au fond. Consommez rapidement pour faire le plein de vitamines. Quelques idées de légumes feuillus verts : épinard, mâche, kale, chou blanc, chou frisé, fanes de carottes bio...

**Pâte à tartiner**
Si vos enfants sont adeptes de la pâte à tartiner bien connue pleine d'huile de palme, vous pouvez vous tourner vers des versions bio délicieuses qui n'en contiennent pas.

Il existe aussi une multitude de recettes pour les réaliser soi-même. Quand on mange des crêpes chez moi, j'aime bien cuisiner la mienne. Elle ne se conserve pas longtemps au réfrigérateur, je la prépare donc en petite quantité.

Ingrédients :

- 17 cl de crème fraîche entière épaisse
- 1 cuillerée à soupe de cacao
- 50 g de chocolat noir
- 40 g de noisettes en poudre

Dans une casserole, faites chauffer la crème fraîche à feu doux avec le chocolat puis ajoutez le cacao et la noisette en poudre. Remuez bien pour obtenir une texture lisse. Laissez refroidir avant de garnir vos crêpes !

## Boire l'eau du robinet

Dans ma famille, nous avons longtemps bu de l'eau en bouteille car l'eau du robinet avait un goût infect. On avait beau la faire décanter en carafe, le goût de chlore restait vraiment trop présent. L'eau en bouteille revenait systématiquement sur la liste de courses, créant un déchet et générant beaucoup de gâchis – les parents qui ont des enfants qui boivent peu à table savent le nombre de verres d'eau qui terminent au mieux dans les plantes, au pire dans l'évier en fin de repas. Nous avons donc installé dans la cuisine un filtre qui distribue un robinet spécial destiné exclusivement à nous fournir de l'eau à boire pour maximiser la durée de vie du filtre. Depuis, nous n'achetons plus de bouteilles et quand nous sortons, nous emportons toujours une gourde d'eau avec nous pour ne pas avoir à en acheter.

En France, l'eau est potable et de bonne qualité. Si vous avez un souci de goût, tentez de la faire décanter une heure en carafe pour voir si cela s'améliore. Vous pouvez aussi tester les billes en céramique ou les filtres à charbon qui marchent très bien. Le prix au litre de l'eau du robinet vous fera faire des économies impressionnantes et votre poubelle de recyclage sera au régime sec !

## Adieu l'essuie-tout

Un été, nous avons débarqué tout droit du camping chez une amie. Quelle n'a pas été sa surprise de nous voir sortir nos cinq serviettes de table lors du premier repas ! Suite à notre passage, sa petite famille s'est mise aux serviettes de table. Un petit geste qui me conforte dans l'idée que les actes n'ont pas besoin d'être extrêmes pour faire avancer les choses ! Le réflexe de l'essuie-tout est insidieux car on a tellement l'habitude de l'utiliser pour tout que l'on ne se rend pas compte qu'on créée un déchet (qui peut finir au composteur certes mais qui nécessite fabrication).

garder
rdin et
faune.

ompos-
e fruits
ulents,
e marc
petite
hes, les

té d'un
mpost.
ompos-
e temps

ps à se
t attirer
gras, les
avant),
semer à

ur qu'il
ssus. En
grands,
viande

es pour remplacer le « solapin »
mamie :

able. Cousues dans des vieux tis-

pres à volonté pour essuyer les

ie-tout lavable dont les feuilles
s aux autres grâce à des boutons
ou à fabriquer soi-même !

i possède un jardin devrait se
C'est d'une simplicité enfantine
i nul ! Environ 30 % des déchets
être compostés, vous imaginez à
tat ?

e » vos déchets organiques et
terreau d'excellente qualité qui
plantations. Et si le jardinage ne
composteur a l'avantage de faire
vos déchets au fil du temps !

le compost, il suffit de mettre
s en contact avec la terre. Les
compostage en plein air mais la
steur en bois ou la récupération

d'un modèle en plastique vous permettra de votre petite « cuisine » dans un coin de votre j d'éviter les désagréments possibles côté odeur

Il vous suffit d'alimenter régulièrement votre teur de vos déchets ménagers : les épluchures et de légumes – même les agrumes –, les fé les coquilles d'œufs (broyées au maximum), de café, les feuilles de thé, la tonte du gazon (e quantité pour ne pas l'étouffer), les feuilles sè cendres, les filtres à café, les mouchoirs…

Attention à ne rien mettre en trop grande quan coup car cela perturberait l'équilibre de votre On pense souvent que les agrumes ne sont pas tables, c'est juste que le processus prend plus que pour un trognon de pomme.

Évitez les branchages qui vont mettre du te décomposer, la viande et le poisson qui peuve les nuisibles, les produits laitiers, les aliments coquilles d'huîtres ou de moules (les concasse les mauvaises herbes (que vous risquez de nouveau quand vous utiliserez le terreau).

De temps en temps, remuez votre compost p se mélange et s'aère afin d'accélérer le proc campagne où je vis et où les terrains sont asse une amie m'a confié qu'elle mettait même de et du poisson au compost tout au fond de son terrain en bordure de forêt car au moins, elle savait que les renards et les fouines s'approvisionnaient là-bas et pas dans son poulailler !

Si vous habitez en appartement, la solution du lombricomposteur est pour vous. Il trouvera sa place dans votre cuisine ou sur votre balcon. Le lombricomposteur est un écosystème autonome. Il implique une boîte dans laquelle se trouvent des vers et des bactéries qui vont digérer les déchets organiques pour produire du compost. Peu contraignant, le lombricomposteur n'a pas d'odeur et rassurez-vous, les vers restent bien au chaud dans la boîte où ils trouvent leur bonheur.

## Le produit vaisselle

Certains utilisent directement le savon de Marseille sur lequel ils frottent leur brosse ou leur éponge. Vous pouvez aussi vous fournir dans un magasin de vrac où vous pouvez remplir votre contenant de liquide bio. Pour ma part, après avoir tâtonné longuement avec différentes recettes, j'en ai trouvé une qui me contente. Elle produit un liquide vaisselle qui mousse peu, qui sent très bon et qui est d'une efficacité redoutable. Pour les utilisateurs de lave-vaisselle, je propose une recette de poudre facile à réaliser.

**Liquide vaisselle sans savon de Marseille**

Contrairement aux liquides vaisselle réalisés avec du savon de Marseille, cette recette a pour avantage de ne pas figer.

Ingrédients pour ½ litre de produit :

- ½ litre d'eau chaude
- 3 cuillerées à soupe de savon noir ménager liquide
- 10 gouttes d'huile essentielle (ex. tea tree)
- 2 cuillerées à soupe de cristaux de soude
- 1 cuillerée à soupe de vinaigre blanc ménager.

Dans un saladier, mélangez dans l'ordre en remuant régulièrement l'eau chaude, le savon noir, l'huile essentielle, les cristaux de soude et le vinaigre blanc. Une fois que la préparation est homogène, transvasez le tout dans le récipient choisi (un vieux flacon de liquide vaisselle fait parfaitement l'affaire).

Si la poudre mousse ou devient liquide, c'est que vous avez utilisé des cristaux de soude classiques et non de la poudre. Soyez vigilant lors de votre achat ! Voir aussi les précautions à prendre page 63 pour les recettes de liquide et de poudre vaisselle.

**Poudre pour lave-vaisselle**
Ingrédients :

- 50 g de percarbonate de soude
- 100 g d'acide citrique
- 100 g de cristaux de soude

Mélangez le tout dans un bocal qui ferme de manière hermétique pour éviter l'humidité. Si votre eau est dure, continuez à utiliser des sels.

Mettez deux cuillerées à soupe dans le bac de votre lave-vaisselle à chaque lavage. Pensez à nettoyer régulièrement le filtre de votre lave-vaisselle pour allonger sa durée de vie.

## Tawashi : la nouvelle éponge

Les éponges que l'on utilise au quotidien pour la vaisselle sont fabriquées à partir de pétrole. C'est un achat qui revient régulièrement sur la liste de courses et qui finit immanquablement dans la poubelle des déchets ménagers. Venus du Japon, les tawashi proposent une alternative écolo aux éponges de nos supermarchés. Ils remplacent avantageusement les éponges, les lavettes ou même les gants de toilette et autres éponges pour le corps. Chez nous, ils servent même à effacer le tableau noir de la cuisine. Il existe différents modèles très ludiques à réaliser et internet fourmille de tutos selon vos capacités. Je vous en propose deux qui servent au quotidien chez nous.

**Tawashi au crochet**

Matériel :

- du fil acrylique (si vous en trouver de récup', c'est mieux) ou coton qui se crochète en n° 4. L'acrylique sèche mieux mais c'est un dérivé du pétrole, acheter une pelote neuve n'a du coup pas beaucoup de sens ;
- un crochet n° 4.

Montez entre 14 et 28 mailles chaînettes selon la taille que vous voulez obtenir. Crochetez ensuite au point serré aller-retour jusqu'à obtenir une forme carrée ou montez 3 mailles en l'air puis piquez une bride dans chaque maille et montez ainsi jusqu'à obtenir un carré. Fermez votre ouvrage avec une maille coulée. Faites le tour de l'ouvrage en mailles serrées dans la même couleur ou dans une couleur différente selon votre goût. Piquez dans un angle et réalisez une chaînette (environ 15 mailles) puis repiquez dans l'angle avec une maille coulée pour fermer la boucle qui permettra de suspendre votre tawashi. Rentrez les fils et votre tawashi est prêt à être utilisé ! Côté entretien, les tawashis passent parfaitement en machine.

**Tawashi de vieux vêtements**

Si certains de vos habits sont trop abimés pour être vendus ou donnés, le tawashi tissé peut leur offrir une seconde vie ! C'est un tissage très simple que les enfants peuvent réaliser et ils adorent ! Je vous propose ici un tuto inventé par Camille du blog **fabriquéenutopie.fr**

Matériel :

- une planche de bois,
- 20 clous de 4-5 cm,
- des vieux collants/tee-shirts à manches longues/ leggings,
- une règle,
- un crayon de papier,
- une paire de ciseaux à tissu.

Sur la planche en bois, tracez un carré de 14 cm de côté. Marquez des points à 3 cm, 5 cm, 7 cm, 9 cm et 11 cm sur chaque côté. Plantez les clous là où vous avez marqué les points. Il n'y a pas de clous aux angles. Découpez les jambes ou les bras de vos vêtements en réalisant des bracelets de tissu de 2-3 cm de large. Enfilez une rangée de bracelets sur le métier à tisser en tendant un bracelet entre deux clous qui se font face. Enfilez les perpendiculaires en tissant : un coup au-dessus, un coup en-dessous. Pour terminer, rabattez les mailles. Pour cela, prenez la dernière maille d'un coin du carré, passez-la dans la maille qui est sur sa gauche, et ainsi de suite jusqu'à ce qu'il ne reste plus qu'une maille qui vous permettra d'accrocher votre tawashi à votre robinet. Notez que ce type de tawashi est plus long à essorer et à sécher que les tawashis tricotés ou crochetés.

Si vous trouvez que vos tawashis ne nettoient pas assez bien la saleté tenace, offrez-vous une brosse en bois et en poil naturel compostable pour leur donner un coup de main.

Chapitre 4

# La buanderie

En plus de ne pas forcément être utiles, les produits ménagers viennent polluer avec leurs emballages et les molécules qu'ils contiennent. Regardez les sigles présents sur vos bouteilles de détergents et produits ménagers. Des têtes de morts, des mises en garde...

A-t-on vraiment besoin d'un produit différent pour nettoyer l'évier de la cuisine et le lavabo de la salle de bains ? A-t-on besoin de tout ce matériel pour nettoyer correctement une maison ? Non, mais par habitude, on le fait et on achète ce qui nous semble nécessaire.

## Les produits de base

Avec des produits très basiques, vous avez de quoi entretenir votre maison. Peu coûteux à l'achat, ils peuvent facilement se trouver en grands contenants et parfois, en vrac :

- vinaigre blanc,
- bicarbonate de soude (aussi appelé bicarbonate de sodium),
- savon de Marseille (du vrai, sans glycérine ajoutée !),

- savon noir liquide pour la maison (différent du savon noir pour le corps utilisé par les orientaux),
- percarbonate de soude,
- huile de coco,
- cire d'abeille,
- des huiles essentielles (optez pour les huiles aux vertus assainissantes comme le tea tree, la lavande, le citron, l'orange).

Afin de réaliser vos produits, vous aurez également besoin de petit matériel que vous garderez pour cet usage :

- un entonnoir,
- une râpe,
- une balance,
- un verre doseur,
- des contenants vides : gardez les emballages de vos anciens produits ménagers au fur et à mesure que vous les terminer,
- une casserole.

## Prudence

De manière générale, soyez extrêmement prudent lorsque vous fabriquez vos produits ménagers maison. Lisez bien les précautions d'emploi indiquées sur les emballages de chaque produit avant de vous lancer. **Conservez ce matériel et les produits finis hors de portée des enfants.** Ne respirez pas directement les produits et portez des gants lors des travaux ménagers. Le percarbonate de soude peut être irritant pour la peau, les muqueuses et les yeux. Ne mélangez jamais du vinaigre blanc avec de l'eau de Javel, cela produit des vapeurs toxiques.

Prenez également garde lorsque vous utilisez des huiles essentielles. Il s'agit de les manier avec prudence car chaque huile peut avoir de nombreux effets. Prenez conseil pour trouver ce qui correspond le mieux à votre famille, notamment si vous êtes enceinte ou si vous avez des enfants car certaines huiles essentielles sont alors à proscrire.

## Le matériel

**Chiffons**
Les chiffons tout simples vendus en magasin une petite fortune ? Oubliez !

Investissez dans un bataillon de tissus microfibres qui vont vous permettre de nettoyer facilement sans produit de nettoyage. Respectez leurs consignes d'utilisations et d'entretien et ils vous dureront des années. Concernant les chiffons du quotidien, pensez à recycler vos vieux draps et vos anciennes serviettes de toilette. Pensez aussi à vos vieilles chaussettes que vous pouvez enfilez sur la main pour faire la poussière et cirer un escalier en bois. Le stade « chiffons » permet de prolonger encore un peu la vie des textiles qui ne sont plus en état d'être portés.

Et quand vraiment les chiffons ne peuvent plus aller plus loin, offrez-leur une retraite bien méritée au bac de recyclage.

**Brosses, balais...**
Si vous êtes déjà équipés de balais, balayette, pelle et brosses en tout genre, très bien. Même s'ils sont en plastique, conservez-les et utilisez-les jusqu'à ce qu'ils rendent l'âme. Au moment de les remplacer, optez pour des objets en bois avec des poils naturels ce qui vous permettra de les composter ou de les utiliser comme

du petit bois pour votre cheminée quand leur dernière heure sera venue. Il est également parfois possible de ne changer que la brosse en gardant le manche de vos ustensiles. Concernant la pelle pour ramasser les miettes, choisissez une pelle en métal recyclable.

Attention, les brosses en bois utilisées avec de l'eau demandent une attention particulière ; nettoyez-les régulièrement. Faites-les tremper quelques heures dans un bol d'eau chaude avec une cuillerée de percarbonate de soude.

## Laver son linge

**La lessive liquide en vrac**
Vous pourrez en trouver en magasin bio.

**Les paillettes de savon de Marseille (sans glycérine)**
À mettre directement dans le tambour de la machine.

**Les noix de lavage**
Certaines personnes sont ravies de leur utilisation des noix de lavage, c'est une expérience à tester. De mon côté, je n'ai pas été convaincue car j'ai trouvé que le linge était mal lavé et qu'il sentait encore parfois la transpiration.

**La lessive faite maison**

Après plusieurs échecs cuisants et une machine qui commençait à sentir mauvais car j'utilisais du savon glycériné qui bouchait les canalisations, j'ai finalement adopté la recette de la blogueuse Camille de **www.merciraoul.fr**, très simple à réaliser et qui me donne satisfaction.

Ingrédients pour 3 litres de lessive :

- 60 g de vrai savon de Marseille (sans glycérine ajoutée)
- 2 cuillerée à soupe de bicarbonate de soude
- 3 litres d'eau
- 30 gouttes d'huile essentielle

Râpez le savon de Marseille. Faites bouillir l'eau puis sortez du feu. Ajoutez les paillettes de savon de Marseille. Dans un bol à côté, mélangez le bicarbonate de soude et l'huile essentielle. Mélangez ensuite les deux préparations. Versez dans votre contenant, attendez que cela refroidisse. Secouez avant chaque utilisation. Utilisez l'équivalent d'un verre à moutarde à chaque lessive. Si votre linge est très sale, ayez la main plus généreuse. Si vous êtes adepte de l'adoucissant, vous pouvez facilement faire des économies. Versez directement dans le bac un demi-verre de vinaigre blanc ménager. Il a l'avantage d'assouplir votre linge qui sortira sans odeur.

Attention, la lessive maison avec du savon de Marseille (souvent avec glycérine ajoutée) peut boucher les canalisations et engendrer des odeurs peu agréables. Si vous constatez ce souci avec votre lessive maison, ajoutez du vinaigre blanc en guise d'adoucissant et lancez une fois par mois une lessive à vide avec ½ litre de vinaigre blanc dans le bac de lessive et dans le tambour à 90 °C.

Pour détacher, je suis devenue une inconditionnelle du savon au fiel de bœuf. Il se trouve sous emballage carton dans les magasins bio. Il suffit d'humidifier le savon et de frotter la tache directement puis de mettre le vêtement taché à la machine. Magique !

**Les balles de lavage**

Elles sont censées améliorer le lavage et permettre d'utiliser moins de lessive. Elles abiment d'avantage le linge. À utiliser avec le linge de lit et de toilette mais pas sur les vêtements.

**Le sèche-linge**

Le sèche-linge est une invention merveilleusement pratique mais il faut le dire, il consomme et use particulièrement le linge. Il n'y a qu'à voir les fibres que l'on récupère dans le filtre après chaque séchage. Autant que possible, faites séchez votre linge dehors à l'air libre. Il sent meilleur et le soleil rend le blanc plus éclatant. En hiver, profitez des radiateurs en marche pour approcher votre étendoir afin que le linge bénéficie de la bonne chaleur (soyez prudents avec les radiateurs électriques !).

### Les bassines et les pinces à linge

Si vous possédez déjà une batterie de bassines en plastique, conservez-les. Quand elles vous lâcheront (peut-être jamais ?) remplacez-les par des modèles en osier que vous pourrez composter ou brûler dans votre cheminée.

Même chose pour les pinces à linge. Au fil du temps, choisissez des pinces à linge en bois et prenez-en soin, elles vieillissent très mal sous la pluie !

## Laver sa maison

### Nettoyant pour les sols

Voilà une recette qui vous permettra de nettoyer tous vos sols et qui nécessite très peu de préparation.

Ingrédients pour 1,5 litre de produit :

- 1 litre d'eau
- ½ litre de vinaigre blanc
- 20 gouttes d'huile essentielle (ma préférence va à la lavande pour le sol)

Mélangez tous les ingrédients et c'est parti ! Pour parfumer autrement votre nettoyant sols, vous pouvez faire tremper vos épluchures d'agrumes dans le vinaigre une semaine avant d'effectuer le mélange.

**Nettoyants multi-usage**
Parfait pour nettoyer votre plan de travail dans la cuisine, les traces de doigts sur les portes, les éviers et la robinetterie !

Ingrédients pour 500 ml de produit :

- 250 ml d'eau
- 250 ml de vinaigre blanc
- 10 gouttes d'huile essentielle

Mélangez tous les produits puis versez-les à l'aide de l'entonnoir dans un vaporisateur et le tour est joué ! En cas de tache rebelle, laissez le produit agir quelques minutes ou versez du vinaigre blanc pur directement dessus. Essuyez et recommencez si besoin.

**Nettoyant vitres**
Les lingettes en microfibre font un super boulot avec simplement de l'eau. Il existe aussi des chiffons « magiques » comme le kit « Brill'tout » du site **www.tendances-emma.fr** qui permet de laver les vitres simplement à l'eau.

Si vous tenez à utiliser du produit, la recette de la famille zéro déchet (p. 157) est simplissime.

Ingrédients pour 1 litre de produit :

- 25 cl de vinaigre blanc
- 75 cl d'eau

Mélangez et versez le produit dans un pulvérisateur.

**Nettoyant WC**

Rien de mieux que le vinaigre blanc pour des toilettes propres et saines !

Si l'odeur du vinaigre blanc vous dérange, ajoutez 20 gouttes d'huile essentielle de votre choix par litre de produit. Le tea tree est tout à fait adapté par exemple.

Si vos WC sont très entartrés, versez ½ litre de vinaigre blanc directement dans la cuvette. Laissez reposer toute une nuit, frottez, tirez la chasse d'eau et voilà vos toilettes comme neuves !

**Nettoyant pour tapis**

Les bombes de mousse à tapis coûtent une fortune, sont nocives pour la couche d'ozone, remplies de produits chimiques et terminent leur vie tristement à la déchetterie. Heureusement, le nettoyant tapis fait maison va faire des merveilles pour un bilan écologique bien plus léger !

Ingrédients :

- 1 litre d'eau chaude
- 1 cuillerée à café de bicarbonate de soude
- 1 cuillerée à soupe de savon noir

Mélangez les trois ingrédients. Passez l'aspirateur sur le tapis ou la moquette que vous souhaitez nettoyer. Appliquez le mélange encore chaud avec un linge propre sans trop mouiller. Insistez bien sur les taches puis laissez sécher. Passez à nouveau l'aspirateur. Avant la première utilisation, faites un essai sur une petite zone peu visible pour voir comment la couleur de votre tapis réagit.

**Désodorisant textile**

Le bicarbonate de soude est très efficace côté odeur. Si vous avez un coussin que votre chien aime un peu trop et qui sent le fauve, saupoudrez-le de bicarbonate de soude, laissez agir une nuit puis frottez avec une brosse pour enlever la poudre. Cela fonctionne également très bien avec les canapés, les rideaux, les chaussures...

**Cire pour meuble en bois**

Ingrédients :

- 50 g de cire d'abeille
- 4 cuillerées à soupe d'huile d'olive
- 15 gouttes d'huile essentielle de cèdre de l'atlas

Faites fondre la cire d'abeille au bain-marie. Ajoutez l'huile d'olive et l'huile essentielle. Stockez dans un pot. À utiliser avec un chiffon doux sur les meubles et les escaliers à cirer (attention à ne pas glisser ensuite !). L'huile essentielle du cèdre de l'Atlas parfumera d'une agréable odeur boisée et repoussera les insectes.

**Cirage pour chaussures et objets en cuir**
Un peu d'huile de coco solide sur un chiffon et vous voilà paré pour cirer les objets en cuir qui le nécessitent. Appliquez comme un cirage classique, frottez doucement et laissez sécher ! De la ceinture au canapé, vous m'en direz des nouvelles !

**Nettoyant pour argenterie**
Des cendres froides de cheminée sur un chiffon vous permettent de dénoircir vos bijoux en argent et votre argenterie.

Chapitre 5

# La salle de bain et les toilettes

## Les produits d'hygiène et cosmétiques

Comme pour les produits ménagers, vous pouvez fabriquer vos propres produits d'hygiène pour limiter vos déchets à partir de quelques produits simples. Vous pouvez aussi trouver des alternatives dans le commerce. L'idée étant aussi de consommer moins de produits industriels et de limiter les composants des produits en contact avec notre corps.

Le bio propose des alternatives intéressantes. Si vous avez la peau fragile – sèche, atopique, grasse, acnéique ou sensible – redoublez de prudence dans votre usage des produits maison ou bio. Testez sur une petite zone avant de vous lancer dans un essai complet. Je suis malheureusement l'exemple de la fille à peau atopique qui multiplie les allergies aux produits bio mais ça ne m'empêche pas de continuer à explorer avec précautions.

**Brosse à dents**
Incontournable de la salle de bains, on la retrouve malheureusement en quantité dans les océans et dans le ventre des animaux marins. La brosse à dents existe désormais en version compostable ! Fabriquée en bambou pour le manche et en poils naturels compostables. Et voilà un petit déchet qui ne se retrouvera plus dans les océans. Le hic : le bambou provient de l'autre bout de la planète et effectue tout de même un sacré voyage... Autre hic, les poils sont bien souvent trop souples. Autre option, les brosses à dent en plastique dont on ne change que la tête.

**Dentifrice**
De nombreux dentifrices incluent du bicarbonate de soude dans leur formule, notamment pour son action blanchissante sur les dents. On ne l'imagine pas forcément mais le bircarbonate de soude alimentaire saupoudré sur une brosse à dents humide suffit à lui tout seul à vous laver les dents. Son PH respecte celui de la bouche et neutralise les attaques des bactéries responsables des caries. Il est également recommandé si vous avez des soucis de gencives pour son action bactériostatique sur les dépôts de tartre en formation entre la base des dents et la gencive. Il rafraîchit l'haleine et blanchit les dents. Que demander de plus ?

**Conseil de ma dentiste :** choisissez un bicarbonate de soude le plus fin possible pour ne pas affaiblir l'émail de vos dents.

Si vous ressentez le besoin d'utiliser du dentifrice pour vous laver les dents, vous pouvez vous tourner vers le dentifrice solide que proposent les magasins et les sites bio ou fabriquer votre pâte à dentifrice en suivant les recettes proposées sur internet.

**Pâte à dentifrice**
Ingrédients :

- 2 cuillerées à soupe d'argile blanche
- 1 cuillerée à soupe de bicarbonate de soude alimentaire
- de l'eau
- 2 gouttes d'huile essentielle de menthe

Mélangez l'argile et le bicarbonate de soude. Ajoutez doucement de l'eau en mélangeant jusqu'à l'obtention d'une pâte lisse comme du dentifrice. Ajoutez l'huile essentielle. Stockez dans un petit flacon en verre et utilisez une spatule pour garnir votre brosse à dents avant chaque lavage.

**Brosse à cheveux**
Choisissez une brosse à cheveux en bois avec des poils naturels comme par exemple des poils de sangliers.

Dépoussiérez régulièrement votre brosse et lavez-la à l'eau savonneuse pour qu'elle dure longtemps. Si vous avez un sèche-cheveux, prolongez sa durée de vie en nettoyant souvent son filtre. Ainsi on évite la surchauffe !

### Savon

De nos jours, quand on pense savon, on pense forcément à gel douche. Pourtant, on reprend vite l'habitude de se laver avec un savon en pain comme quand on était petit. Les enfants trouvent même cela ludique. D'ailleurs, c'est devenu un petit rituel quand on part en vacances : on achète nos savons dans des savonneries artisanales locales et on se régale de cette odeur de vacances toute l'année.

Vous trouvez du savon de Marseille ou du savon d'Alep assez facilement. Pensez à vérifier qu'ils sont bien labellisés au risque d'utiliser une copie de piètre qualité.

Si vous ne vous sentez pas prêt à passer au pain de savon, choisissez des savons liquides sous gros conditionnement avec pompe. Cela fera toujours moins de déchets au final et la pompe permet d'utiliser la bonne dose de produit – et elle évite aussi aux enfants de tout vider dans le bain pour remplir la bouteille d'eau.

Installez un porte-savon dans votre salle de bain pour éviter que le savon ne se ramollisse sur le bord de la baignoire. Autre alternative : creusez un trou au milieu du savon, y faire passer une ficelle et l'accrocher près de la pomme de douche. Autre idée : « emprisonnez » le savon dans un filet de récup' ou crocheté par vos soins et accrochez-le à la pomme de douche. Parfait pour un effet gommant !

**Shampooing et après-shampooing**

On trouve de plus en plus de shampooings et d'après-shampooings sous forme solide ce qui évite les bouteilles plastiques.

Ils se présentent sous forme de galets ou de pains que l'on frotte directement sur les cheveux. Ils moussent peu mais lavent parfaitement les cheveux. Plus vous les utilisez, plus ils sont efficaces car vos cheveux se délestent au fil des lavages des différents silicones déposés par les produits classiques. Il faut donc s'accrocher un peu ! Si jamais vous trouvez l'action des après-shampooings trop légère et pas assez nourrissante pour vos cheveux, utilisez une huile végétale ou du beurre de karité en masque une fois par semaine avant de vous laver les cheveux. Vous pouvez également répartir sur vos cheveux quelques gouttes chauffées dans vos mains avant application pour faciliter le démêlage et faire briller votre crinière.

Les huiles à favoriser: huile d'argan (attention à son odeur parfois spéciale), huile de coco liquide, huile d'avocat et huile d'amande douce.

**Déodorant**

Le déodorant maison, ça n'est pas très compliqué à faire et surtout, ça dure longtemps et ça permet de dire adieu à tous les aluminiums qu'on se colle directement sous les bras. C'est une recette que j'ai piquée à ma copine Camille, sur le site **www.ritalechat.com**, dont elle me vantait les mérites et j'en suis également ravie!

Ingrédients pour 4 pots de 100 ml:

- 200 g d'huile de coco
- 120 g de bicarbonate de soude
- 80 g de fécule
- 15 à 20 gouttes d'huile essentielle de Palmarosa
- 20 g de cire de candelilla

Faites fondre au bain marie l'huile de coco et la cire végétale, ajoutez le bicarbonate et la fécule, cuillère après cuillère en remuant bien, puis terminez avec les huiles essentielles. Répartissez dans les pots, fermez et laissez refroidir. Mettez au réfrigérateur pour que cela durcisse. Vous pouvez également trouver du déodorant solide avec un minimum d'emballage dans différentes boutiques bio. N'hésitez pas à tester plusieurs marques pour trouver celui qui vous convient!

**Gommage pour le corps**

Utilisé avec parcimonie, le gommage pour le corps fait beaucoup de bien. Oubliez les recommandations des magazines qui préconisent 1 à 2 gommages par semaine. Un gommage par mois, c'est bien suffisant ! Un gommage par mois fait par moi, c'est encore mieux !

Ingrédients pour 2 utilisations :

- 5 cuillerées à soupe de gros sel de Guérande
- 2 cuillerées à soupe de cassonade
- un beau brin de romarin frais
- 2 cuillerées à soupe d'huile d'olive (ou une autre huile végétale)
- 1 cuillerée à soupe de jus de citron

Gardez les feuilles du romarin et débarrassez-vous de la tige (au composteur !). Mixez finement le sel et le sucre, et rajoutez le romarin. Ajoutez ensuite l'huile d'olive, le jus de citron et mélangez bien. Votre gommage est prêt pour l'application sur peau légèrement humide. Massez légèrement en insistant sur les parties du corps où la peau est la plus épaisse : dessous des pieds, talons, genoux, coudes...

**Rasage et épilation**

Un rasoir de sécurité en métal chromé peut tout à faire convenir aux hommes et aux femmes. Les lames de bonne qualité peuvent durer des mois si elles sont bien

entretenues, c'est à dire nettoyées et séchées après chaque usage. Non, les femmes n'ont pas besoin d'un rasoir rose pour se raser les jambes. Surtout que les rasoirs pour femmes sont plus chers que leur équivalent pour hommes. On se demande bien pourquoi !

Pour remplacer la mousse à raser, le savon suffit mais si vous voulez que ça mousse plus, le blaireau viendra à votre rescousse. Choisissez-le en bois avec des poils en fibre naturel ce qui permettra son compostage en fin de vie.

Si vous êtes plutôt épilation, vous pouvez fabriquer une cire zéro déchet au sucre qui ira rejoindre les déchets alimentaires au composteur.

**Cire au sucre**
Ingrédients :

- 50 g de sucre en poudre
- ½ verre d'eau
- le jus d'un ½ citron
- 1 cuillerée à soupe de miel

Faites chauffer l'eau et le sucre à la casserole jusqu'à ce que le mélange blondisse. Ajoutez le citron et le miel. Continuez à mélanger jusqu'à obtenir une pâte lisse et épaisse. Sortez-la du feu, étirez-la et laissez-la refroidir quelques minutes. Utilisez ensuite cette boule de cire

en l'étirant et la collant fermement sur les zones à épiler puis retirez-la en tirant dans le sens contraire du poil. Attention à ne pas vous brûler au cours de toutes ces étapes. Vérifiez attentivement la température de la cire avant de l'appliquer. Cette recette semble plutôt simple mais il faut prendre le coup de main pour réussir à obtenir la consistance voulue. Ne vous découragez pas si vous n'y arrivez pas du premier coup !

**Maquillage**

Béa Johnson, la « papesse » du zéro déchet utilise du cacao en guise de blush. Pourquoi pas, tout est possible ! Je me maquille assez peu et j'ai donc peu de produits de maquillage indispensable mais j'ai tout de même testé quelques petites choses faciles à faire.

**Baume à lèvres**

Ingrédients :

- 1 cuillerée à café de cire d'abeille
- 1 cuillerée à café de beurre de karité bien solide
- 2 cuillerées à café d'huile végétale au choix
- 3 gouttes d'huile essentielle petit grain

Mélangez le tout au bain-marie jusqu'à obtention d'un liquide homogène. Versez dans un ou plusieurs petit(s) pot(s) et attendez que cela refroidisse pour le(s) refermer.

### Solution démaquillante

J'utilise le plus souvent des lingettes lavables avec de l'eau ou des lingettes en microfibre, particulièrement efficaces sur le mascara et le crayon pour les yeux. Vous pouvez aussi choisir une huile végétale et l'appliquer avec une lingette lavable. Attention à ne pas en mettre dans vos yeux car la sensation est assez désagréable.

## Les cotons, lingettes et linge de bain

### Cotons-tiges

Coton = beaucoup d'eau en production et des pesticides.

Avec en plus du plastique, vous obtenez un objet non recyclable polluant. Les cotons-tiges sont facilement remplaçables par un objet longue durée : l'oriculi. Il se décline en différentes versions : en bambou pour être composté ou en inox. Ce n'est ni plus ni moins qu'un cure-oreille qui assure le nettoyage de l'entrée des oreilles. Il permet de sortir le cérumen et contrairement aux cotons-tiges, il ne l'enfonce pas. Utilisez l'oriculi avec précaution pour ne pas endommager le tympan. Par mesure d'hygiène, investissez dans un oriculi par personne.

**Cotons démaquillants**

Adieu les cotons démaquillants jetables, bonjour les cotons démaquillants lavables ! Le coton a complètement disparu de notre maison il y a déjà quelques années et je n'ai aucune raison d'en racheter. Si vous fabriquez vous-même vos cotons démaquillants, optez pour des couleurs foncées. Ainsi, si quelques tâches de mascara ou de fond de teint ne partent pas au lavage, cela ne se verra pas !

**Lingettes**

On dit un grand non à toute les lingettes qu'elles soient pour les fesses de bébé ou pour le démaquillage ou pour la fraîcheur intime. Filez lire le paragraphe consacré aux lingettes (p. 110).

**Mouchoirs jetables**

Les mouchoirs jetables sont facilement remplaçables par leurs ancêtres lavables. Vous en trouverez sur les marchés, dans les vide-greniers (repérez les stands tenus par les petites mamies, vous trouverez des merveilles brodées), chez Emmaüs... Vous pouvez également les fabriquer vous-même dans un tissu de récup' fin et doux pour ne pas vous irriter le nez. Au quotidien, les mouchoirs lavables font vraiment le job sans souci. La condition est de les passer à la machine à laver dès que possible pour éviter de partager ses petits et gros miasmes.

En revanche, en période hivernale où les épidémies de grippe et de gastro font rage, où les sinusites rivalisent face aux rhinites, mieux vaut utiliser des mouchoirs jetables si l'on est malade. Ainsi, et en suivant des règles d'hygiène de base, on minimise les contaminations directes. Vos mouchoirs jetables finiront au compost car là-bas, pas de risque de contamination.

**Serviettes**

On a tous des tonnes de serviettes de toilette. Des vieilles décolorées que l'on n'ose même plus sortir pour les invités. Des serviettes qui râpent la peau et qui encombrent les placards. Faites un tri de votre linge de toilette. Conservez les pièces en bon état pour vos sorties de douche. Teignez les serviettes décolorées qui pourront encore servir. Recycler en lingettes lavables ou en chiffons celles trop élimées.

## Hygiène intime

Selon le site **Planetoscope.com**, une femme utilisera en moyenne 10 000 à 15 000 produits menstruels dans sa vie. Sachant que ce petit matériel peut mettre 500 ans à se dégrader et termine systématiquement brûlé avec les déchets ménagers, ça laisse matière à réfléchir, pas vrai ?

**Coupe menstruelle**
Alors qu'elle faisait ouvrir grand les yeux quand on parlait d'elle il y a 10 ans, la coupe menstruelle, aussi appelée cup, gagne du terrain et fait de plus en plus d'adeptes ! Il s'agit d'une coupelle en silicone médical ou en latex à installer dans le vagin qui recueille le flux lors des règles. Facile d'utilisation, elle nécessite un peu d'entraînement pour la mettre et la retirer au début, un peu comme les tampons hygiéniques. Elle peut rester en place entre 4 et 8 heures selon votre flux. Une fois retirée, il suffit de la passer sous l'eau du robinet et de la remettre en place pour une nouvelle durée de 4 à 8 heures.

Elle peut poser quelques problèmes logistiques, notamment quand on travaille dans un bureau où les lavabos sont à l'extérieur des toilettes mais en s'organisant un peu – en emportant une bouteille d'eau aux WC par exemple –, elle devient indispensable.

Comme avec un tampon, il est important de se laver les mains avant et après la pose de la cup. En revanche, on ne peut affirmer que la cup permet d'éviter le syndrome du choc toxique – parfois – mortel liés à l'usage des tampons.

Ce que l'on sait, c'est que la coupelle menstruelle respecte le PH de votre vagin et surtout, qu'elle vous faire faire de grosses économies et qu'elle pollue beaucoup

moins que les tampons. Une cup coûte entre 13 et 30 € pour une durée de vie pouvant aller jusqu'à 10 ans. Veillez à bien suivre les indications d'entretien et de stockage fournies avec votre coupe menstruelle.

**La culotte menstruelle**

Il s'agit d'une culotte renforcée au niveau de l'entre-jambe qui permet de recueillir votre flux. Elle se lave en fin de journée et assure un confort sans odeur. À tester car c'est bluffant !

**Serviettes hygiéniques lavables**

Fabriquées dans des tissus naturels comme le coton bio, le bambou ou le chanvre, ces serviettes lavables offrent une alternative écologique aux serviettes jetables. Les serviettes hygiéniques jetables contiennent du chlore et des parfums qui peuvent entrainer des allergies de contact. Les serviettes lavables permettent à votre peau de respirer et minimisent les risques de mycose.

Comme pour les serviettes lavables, vous choisissez une taille adaptée à votre flux. Si vous avez la fibre manuelle, vous pouvez également les fabriquer vous-mêmes. Elles se lavent en machine ou à la main à 30-40 °C. Selon votre flux, un pré-trempage peut être nécessaire. Comptez environ 15 € pour une serviette d'une durée de vie de 5 à 10 ans. En plus, elles offrent des modèles colorés très sympathiques selon les

marques. Comme disent mes enfants : « c'est un peu la fête du slip ! »

### Préservatifs

Voilà un déchet que l'on ne peut éviter quand c'est nécessaire. Il faut le rappeler, les préservatifs sont un très bon moyen de contraception et le seul moyen de lutter contre de nombreuses maladies sexuellement transmissibles dont le Sida. Il existe désormais des préservatifs vegan mais malgré leur origine naturelle, ils ne se compostent pas.

## Lentilles, lunettes et médicaments

### Lunettes

Si votre vue n'évolue plus, choisissez des montures solides, de bonne qualité qui vous plaisent. Ainsi, vous pourrez les conserver le plus longtemps possible. Refusez la deuxième paire gratuite que l'on vous offre parfois. En cas de casse, votre assurance vous offre bien souvent les frais de réparation ou une nouvelle paire.

Si votre vue continue à évoluer, il est possible de ne changer que les verres, cela vous permet ainsi de réaliser des économies en ne réinvestissant pas dans une nouvelle monture. Si vous avez besoin d'une paire de lunettes de soleil à votre vue, conservez une ancienne monture et demandez à votre opticien de monter dessus des verres

teintés à votre correction. Enfin, une fois vos lunettes de vue devenues inutiles pour vous, déposez-les dans le bac de collecte chez votre opticien. S'il n'en a pas, poussez la porte d'un de ses collègues, vous trouverez facilement. Vous pouvez également y déposer vos étuis à lunettes souples en bon état et vos lunettes de soleil. Vous pouvez envoyer directement vos lunettes à l'association LSF (Lunettes Sans Frontières 41, rue du Général de Gaulle 68560 Hirsingue). Cette association collecte les lunettes, les trie et les répartit en France, en Afrique, en Asie, en Amérique du Sud et en Europe. Les lunettes sont envoyées gratuitement à des personnes compétentes dans des cliniques, des dispensaires et des missions qui en font bénéficier les malvoyants les plus démunis de leur pays (p. 153).

**Lentilles**

Si vous êtes porteurs de lentilles, optez pour des modèles annuels. Les formules mensuelles, hebdomadaires et journalières engendrent de nombreux déchets d'emballage non recyclables. Et pour l'entretien de vos lentilles, choisissez les produits de nettoyage en grand contenant plutôt qu'en contenant individuel. Gardez une seule boîte pour ranger vos lentilles, ainsi, vous saurez toujours où elles sont.

Et si vous êtes éligible à l'opération pour la myopie, pensez-y ! Adieu lunettes et lentilles !

**Prothèses auditives**

Quand on connaît le prix d'une prothèse auditive, environ 3 000 € à l'achat, on réalise que c'est un déchet qui doit absolument être valorisé. Une fois que vos appareils auditifs ne sont plus adaptés à vos besoins, vous pouvez également les adresser à l'association LSF (Lunettes Sans Frontières) qui les collecte et les redistribue (p. 153).

**Médicaments**

Dès que vous en avez la possibilité, réunissez tous les médicaments qui trainent dans vos placards sur une table et examinez-les un à un. Faites ensuite trois tas :

- les médicaments non périmés dont les emballages sont en bon état et dont vous connaissez l'utilité et la posologie. Ceux-là, vous les gardez et les rangez dans votre armoire à pharmacie, sous clef, hors de portée des enfants ;
- les médicaments non périmés aux emballages en bon état dont vous ne vous souvenez plus de l'indication et de la posologie. Apportez-les à votre pharmacien et demandez-lui à quoi ils servent. Notez sur les emballages leur indication et leur posologie ;
- les médicaments périmés ou aux emballages détériorés. Rapportez-les à votre pharmacien et mettez au recyclage les emballages carton et les notices. Le pharmacien transmettra les médicaments à Cyclamed qui est l'organisme en charge de l'incinération

en toute sécurité des médicaments. Un médicament jeté à la poubelle ou dans le réseau des eaux usées risque en effet de polluer les sols et les eaux.

## Les toilettes

### Papier toilette

Même Béa Johnson utilise du papier toilette, c'est vous dire s'il est compliqué de trouver une solution alternative. Au Japon, les toilettes ont des lunettes chauffantes et grâce à une télécommande, un jet d'eau vient vous nettoyer puis un courant d'air chaud vient vous sécher les fesses. Pourquoi pas mais pas sûr que la fabrication et le recyclage de ces toilettes soient plus économes en énergie et en déchet que l'utilisation quotidienne de papier toilette.

### Brosse de toilettes

Comme pour tout votre matériel en général, une fois votre brosse de toilettes en plastique usée, remplacez-le par une brosse en bois avec poils naturels. La durée de vie de ce type de brosse étant limitée malgré le meilleur entretien possible, vous pourrez ensuite la composter ou vous en servir comme du petit bois pour votre cheminée.

**Désodorisant**

Les bombes désodorisantes génèrent une pollution cachée : la pollution de l'air intérieur dans les habitations. Remplacez le désodorisant par des alternatives naturelles. Par exemple :

- une orange piquée de clous de girofle à renouveler régulièrement ;
- un sachet de lavande ou un bouquet de lavande séchée ;
- un diffuseur d'huiles essentielles – en prenant garde à utiliser des huiles essentielles compatibles avec les bébés et les enfants si vous en avez et en le gardant hors de leur portée ;
- un pot-pourri de votre composition.

De manière générale, l'aération est la meilleure option santé et celle qui ne génère aucun déchet !

Chapitre 6

# Les chambres, le salon, la salle à manger

Si la cuisine et la salle de bains sont les zones où l'on jette le plus de chose au quotidien, nos placards et nos vaisseliers cachent des trésors de déchets en puissance. Rome ne s'est pas faite en un jour mais petit à petit, vous pouvez gagner sur terrain dans ce domaine.

**Prêt à vous y attaquer ?**

## Chambre d'adultes

Que faut-il dans une chambre ? Un lit, une table de nuit, des lampes de chevet, un tapis éventuellement et une penderie. Voilà les basiques sur lesquels il faut se concentrer.

Côté lit, le sommeil est tellement important qu'il faut trouver chaussure à son pied. Pour les matelas, difficile d'acheter d'occasion. Investissez dans du neuf, dans des matières naturelles comme le bambou ou la mousse de soja. Pour le mobilier, un sommier peut suffire si vous êtes un peu bricoleur, vous trouverez des idées de bricolages de têtes de lit à foison sur le net, notamment à partir de palettes qui ne vous coûteront rien.

Pour le linge de lit, deux sets suffisent largement : vous utilisez le premier pendant que vous lavez le second. Pour vos ampoules de lampes de chevet et pour toute la maison en général, choisissez des ampoules basse consommation qui consomment moins comme leur nom l'indique et qui durent plus longtemps.

**Dressing d'adultes**

Trouver son style, c'est la première chose à faire quand on veut réduire sa consommation de vêtements. Je suis sûre que comme moi, vous avez acheté durant de nombreuses années des centaines d'habits que vous trouviez sympas en magasins. Vous les avez pris même s'ils étaient un poil petits ou un poil grands, pas exactement de la couleur qui vous plaisait, pas avec une coupe parfaite. Mais ils étaient « sympas » et peut-être pas chers ou moins chers que d'habitude alors vous avez craqué. Au final, votre penderie regorge de fringues « sympas » que vous ne mettez pas ou que vous n'avez pas vraiment envie de mettre. Et chaque matin, vous regardez votre dressing en pensant : « j'ai rien à me mettre sur le dos » ou peut-être comme moi il n'y a pas si longtemps « je n'ai rien qui convient à cette occasion ».

Sur le sujet, Marie Kondo et son rangement par le vide ont changé ma vie, je ne peux que vous conseiller de suivre cette voie.

En résumé, l'idée est de sortir de votre penderie TOUS vos habits, chaussures, sacs, manteaux, accessoires, etc. et de faire un grand tri. On vide tout ce que l'on ne met pas régulièrement, tout ce que l'on ne porte pas avec bonheur, tout ce qui est trop petit ou trop grand, tout ce qui ne sert pas vraiment et tout ce qui n'a pas été porté depuis un an. J'ai réduit au quart ma garde-robe, vendu et donné mes anciens habits et désormais, je n'ai plus dans mon dressing que des vêtements que j'aime porter et qui me vont. Pendant quatre étés, j'ai porté ma robe blanche brodée presque tous les jours car elle m'allait bien et qu'elle était jolie et confortable. Je l'ai ensuite transformée en blouse pour prolonger sa durée.

Cherchez ensuite les pièces qui peuvent vous manquer. Fouinez dans les braderies, les dépôt-ventes, **ebay.fr** ou sur les sites internet comme **vinted.fr** qui propose de belles marques d'occasion de particulier à particulier.

Privilégiez si vous le pouvez des vêtements qui peuvent avoir plusieurs usages. Une petite robe noire vous offrira différents looks si vous la portez avec des tongs ou des talons hauts. Une chemise peut servir pour vos rendez-vous professionnels et prendre un air plus décontracté si vous lui relevez les manches durant le week-end. Pensez que Béa Johnson réussit à réaliser 50 looks différents avec seulement 15 vêtements, chaussures comprises !

**Un troc entre amis**

Vos amis sont comme vous, leurs armoires regorgent de vêtements qu'ils ne portent pas. Organisez chez vous un après-midi troc. Chacun vient avec un gâteau à partager et les habits dont il souhaite se débarrasser. Ensuite, chacun regarde chez les autres ce qui lui plaît. En plus, les essayages peuvent se faire sur place tranquillement et pas dans une cabine d'essayage sous une lumière glauque ! Vous serez étonné de voir à quel point cela fonctionne bien et à quel point tout le monde est heureux de repartir avec une garde-robe renouvelée sans avoir déboursé un centime !

Prenez soin de vos vêtements, ils vous le rendront bien ! Lavez-les à la main si nécessaire, faites-les sécher au soleil et pliez-les avec soin. Pensez à les réparer au lieu de les bazarder : une petite couture peut sauver votre pull préféré, une pièce au coude peut redonner un nouveau look à votre marinière élimée, etc. La teinture est aussi une bonne option pour prolonger la vie de vos vêtements fétiches lorsqu'ils sont tachés. Idem pour vos chaussures. Apporte-les chez le cordonnier pour renforcer leurs semelles aussi souvent que nécessaire.

Et si vous êtes doué de vos mains, tentez de coudre et de tricoter vous-même le maximum de pièces de votre dressing !

## Chambre d'enfants

Pour les meubles, suivez le même principe que pour une chambre d'adulte.

Selon l'âge de l'enfant, pensez à installer un bureau près de la fenêtre pour un meilleur confort de travail. Pour les enfants qui ne sont pas encore au collège, la récup' de bureau d'écoliers vintage peut vraiment être un bon point d'ancrage à la déco. Ces meubles ont une belle âme comme on dit. Le vrai point noir dans une chambre d'enfants, ce sont les jouets. Faites un tri avec votre enfant. Mettez d'un côté ce qui est cassé, ce qui n'est plus approprié à son âge, ce avec quoi il ne joue pas et ce avec quoi il joue souvent. Triez les jeux par sorte et rangez-les dans des compartiments. Éventuellement, ajoutez une étiquette pour aider votre enfant à s'y retrouver et à ranger ensuite.

Une amie a fait disparaître tous les jouets des chambres de ses filles car elle s'est rendue compte qu'elles passaient leur temps à bouquiner. Les poupées Barbie® venaient s'entasser dans un coffre à jouets qui ne s'ouvrait jamais. Elle a tout vendu en troc et puces et ses filles ne demandent plus des jouets avec lesquels elles ne jouaient pas car elles ont compris que les anciens ne leur manquaient pas du tout.

Le saviez-vous ? Les jouets Playmobil® et Lego® sont très recherchés d'occasion, n'hésitez pas à revendre ceux de votre enfant, avec son accord, c'est mieux !

**Dressing d'enfants**

Un dressing d'enfant est plus compliqué à manager qu'un dressing d'adulte. Les enfants ont la bonne idée de grandir très régulièrement et d'user leurs habits avec virtuosité – mention excellent pour les garçons de la moyenne section jusqu'au CP qui réussissent à trouer les genoux de leur pantalon avec une régularité de métronome, d'ailleurs, le 4-6 ans garçon est très difficile à trouver d'occasion.

Pour vous fournir en vêtements, différentes solutions s'offrent à vous :

- l'occasion en vide-grenier ou sur internet ;
- Vinted.fr, pour acheter et vendre ;

- la récup' entre les membres d'une même fratrie. À ce moment-là, conserver les habits dans une caisse hermétique jusqu'à ce qu'ils aillent à l'enfant suivant ;
- le don ou prêt entre amis. Certains de vos amis ont peut-être des enfants un peu plus grands que les vôtres et ils seraient heureux de vider leurs armoires. Faites la même chose avec vos amis qui ont des enfants plus petits ;
- penchez-vous sur les habits cousus main. Réaliser vous-même et sollicitez les mamies couturières et tricoteuses, elles seront ravies de mettre leur talent au profit de leurs petits-enfants.

## La salle à manger et le salon

Voilà les pièces où l'on reçoit, il est important que vous vous y sentiez bien pour que vos amis s'y sentent également à l'aise. Vous avez compris le concept en découvrant le tri que l'on peut faire par rapport aux autres pièces, vous devriez avoir un peu moins de travail de ce côté-là mais sait-on jamais ?

Proposez un salon convivial avec un grand canapé et des fauteuils disposés autour. Vous pouvez les trouver de récup' et leur offrir une housse pour leur redonner une nouvelle jeunesse et les assortir si c'est votre goût. Une table basse est également utile pour poser son verre lors de l'apéritif ou pour s'installer confortablement quand on se repose. Nous avons décidé de sortir la télévision du salon car nous ne voulions pas d'une pièce où tout serait orienté vers elle. Elle est donc dans la chambre d'amis ce qui évite la tentation de l'allumer « juste comme ça » et nous laisse du temps pour faire plein d'autres choses. Si vous aimez les tapis, prenez un modèle qui vous demande le moins d'entretien possible et qui ne vous créera pas de stress, notamment lorsque vous recevez.

Côté salle à manger, choisissez une table qui correspond à vos habitudes de réception. Une table pour dix si vous ne recevez vos amis que par couple ne rime à rien. Autour de cette table, ajoutez le nombre de chaises nécessaires à vos habitudes. Si un jour vous décidiez de recevoir plus de personnes ou d'organiser une grande fête, vous pourriez demander à vos invités d'apporter leurs propres chaises et des tables d'appoint. Pour la vaisselle et le linge de table, faites simple en choisissant un service et une nappe neutres. Vous aurez ainsi tout le loisir de créer des décorations de table sans être bridé.

Pour les bibelots, *less is more* ! Plus vous avez de petits objets en décoration, plus vous aurez besoin de temps pour les épousseter. N'hésitez pas à faire un grand tri dans ces objets qui pourraient faire des heureux. Gardez ceux qui vous plaisent vraiment, pensez à conserver aussi un ou deux vases, quelques bougeoirs qui ont toute leur utilité.

Chapitre 7

# Autour de bébé

On peut le dire, les bébés ont la palme en ce qui concerne la production de déchets de nos jours...

De sa naissance à la propreté, un bébé consomme 5 000 couches jetables, il avale des centaines de litres d'eau en bouteille et change de taille d'habits tous les mois ou presque. Ajoutez des milliers de lingettes pour ses fesses et son visage et du matériel de puériculture utilisé seulement quelques mois et vous obtenez un bilan déchet assez effrayant. Imaginez que l'on réunisse tous les déchets de ces premiers mois de vie dans une même pièce, le tableau serait insoutenable, non ?

## La liste de naissance

Dès la naissance de bébé, les cadeaux affluent. Vous pouvez vite vous retrouver avec 7 salopettes taille 6 mois et 28 doudous sans avoir vraiment compris comment. Vous avez la possibilité d'établir une liste de naissance en signalant à votre entourage que vous aimeriez un accueil de bébé le plus proche du zéro déchet possible. Votre famille peut se cotiser pour vous offrir une poussette d'occasion, vous pouvez demander à votre copine qui coud de vous fabriquer des couches lavables, à votre ami peintre un petit tableau à mettre au-dessus du lit de bébé, etc.

Vous pouvez aussi partir sur des cadeaux d'un genre différent : un bon pour un cours de portage, un bon pour un atelier de massage parent-bébé, un arbre fruitier à planter dans le jardin… La seule limite est votre imagination !

## L'alimentation

### Allaitement

Le meilleur moyen de ne pas générer de déchet à cause des biberons est de s'en passer. Comment ? En allaitant !

On estime d'ailleurs que l'allaitement permet de réaliser une économie de 100 € par mois. En ce qui concerne l'équipement pour allaiter, il est assez mince : deux soutiens-gorge d'allaitement qui se dégrafent facilement et des coussinets à glisser dans votre soutien-gorge pour éviter les fuites. Ces coussinets absorbants jetables peuvent facilement être remplacés par des coussinets lavables en molleton ou en coton bio. Ils sont plus confortables et plus doux que leurs homologues jetables. Ils sont cependant moins absorbants et nécessitent d'être changés régulièrement. Vous pouvez les acheter en pharmacie ou dans les enseignes spécialisées en puériculture ou bien les fabriquer vous-même en découpant dans du tissu épais de votre choix (polaire, molleton...) des ronds de 12 cm de diamètre.

**Biberons**

Allaiter n'est pas le désir de toutes les femmes, le biberon offre alors une alternative évidente pour nourrir son enfant. Pour les bébés qui prennent le biberon, il existe aussi des solutions. Un bébé prend jusqu'à 8 biberons par jour les premières semaines de vie et plusieurs par jour jusqu'à environ ses 3 ans.

Cela génère des centaines de déchets d'emballage: bouteilles d'eau minérale en plastique, boîte de lait en poudre, dosettes contenues dans les boîtes, biberons en plastique usés...

Les biberons en verre offrent une facilité d'entretien et une qualité incomparable. Ils sont recyclables mais peuvent être utilisés pour tous les enfants d'une même fratrie. Vous pouvez très facilement les acheter et les revendre d'occasion. À noter que les nouveaux biberons en plastique sont en polypropylène et peuvent rejoindre le conteneur de plastique recyclable.

Pour la préparation du biberon en lui-même, il est possible d'utiliser de l'eau du robinet pour éviter d'utiliser de l'eau en bouteille dont le plastique vient grossir la poubelle de recyclage. Attention, cette utilisation de l'eau du robinet doit se faire sous certaines conditions comme le récapitule le site **ameli.fr** :

« Vous pouvez préparer un biberon avec de l'eau du robinet. Toutefois, pour réduire le développement des germes, prenez certaines précautions :

- utilisez uniquement de l'eau froide (au-delà de 25 °C, l'eau peut être davantage chargée en microbes et sels minéraux) ;
- proscrivez l'eau ayant subi une filtration (dans une carafe filtrante par exemple) ou un adoucissement. En effet, ces systèmes favorisent la multiplication des germes ;
- si vous n'avez pas utilisé votre robinet depuis plusieurs heures, laissez couler l'eau une à deux minutes avant de remplir le biberon. Sinon, trois secondes suffisent ;
- ne mettez pas le goulot du biberon en contact avec le robinet, et nettoyez régulièrement la tête de ce dernier.

Par ailleurs :

- si votre robinet est équipé d'un diffuseur, pensez à le détartrer régulièrement. Pour cela, dévissez le diffuseur et placez-le dans un verre de vinaigre blanc. Laisser agir quelques heures, puis rincez bien ;

- si vous habitez dans un immeuble ancien construit avant 1948, les canalisations d'eau peuvent encore être en plomb, d'où un risque de saturnisme. Dans ce cas, pour savoir si l'eau de votre domicile est utilisable dans les biberons, renseignez-vous :

  – soit auprès de votre mairie,

  – soit auprès de votre Direction départementale de la protection des populations. »

Les boîtes de lait en poudre sont en aluminium (sauf le couvercle en plastique), elles vont donc dans la poubelle de recyclage ou peuvent servir pour de nombreux DIY en se transformant notamment des super pots à crayons ou à feutres !

**Repas**

Oubliez les robots magiques que l'on vous vend pour concocter des purées pour bébé et misez sur ce que vous possédez déjà : une cocotte-minute, un robot cuiseur ou même une simple casserole. Quand votre bébé passe aux aliments solides, prenez l'habitude de préparer en grande quantité, frais, de saison et de congeler en portions individuelles. Au début, quand bébé ne prend que des petites quantités, vous pouvez congeler dans des bacs à glaçons pour éviter le gâchis. Ainsi, vous n'aurez pas l'impression d'éplucher et de cuisiner tous les soirs.

# L'hygiène

## Couches

Tenez-vous bien, un bébé c'est donc 5000 couches jetables soit un budget de 1200 à 1800 € par enfant selon la marque de couches utilisée, c'est à dire un budget minimum de 50 € par mois et ça, si bébé est propre à 24 mois. C'est un budget énorme qui part directement à la poubelle, générant ainsi d'autre frais nécessaires pour l'incinération des couches et une pollution supplémentaire. Il existe aussi des couches biodégradables dont la fabrication est moins gourmande en énergie cependant, vu le nombre de couches produites par jour, le compostage n'est pas possible de manière individuelle.

La meilleure alternative en termes d'écologie et d'économie est de se tourner vers la couche lavable. Il existe plusieurs modèles et marques de couches lavables avec différents systèmes. Certains modèles accompagnent bébé jusqu'à la propreté, d'autres existent en différentes tailles pour s'ajuster au mieux selon la corpulence de bébé. Fabriquées dans des matières douces et absorbantes qui laissent respirer la peau de bébé, les couches lavables font de nombreux adeptes et c'est tant mieux. Il est également possible de les fabriquer soi-même, de nombreux tutoriels fleurissent sur internet pour permettre d'économiser sur l'achat. Certes, il s'agit d'un investissement de base puisqu'il faut compter au minimum 20 € pour une couche mais on estime à 900 € l'investissement si les couches sont neuves. Les couches lavables s'achètent et se revendent très facilement sur le marché de l'occasion. Elles peuvent faire plusieurs enfants sans souci, rentabilisant encore plus l'investissement fait pour le premier bébé. Certaines municipalités offrent une prime aux parents qui achètent des couches lavables, renseignez-vous dans votre commune.

Concernant l'entretien des couches lavables, il n'est pas compliqué. Les couches sont stockées dans une poubelle avec quelques gouttes d'huile essentielle de tea tree qui a des vertus désodorisantes et antibactériennes en attendant la lessive. Ensuite, direction le tambour de la machine avec une lessive de votre choix qui ne contient pas de glycérine. Mieux vaut éviter les noix de lavage qui vont encrasser les couches et les rendre moins absorbantes. N'ajoutez pas d'adoucissant ou de vinaigre blanc. Pas de sèche-linge mais un séchage à l'air libre pour ne pas endommager les fibres et voilà, c'est reparti pour un tour. Lors des sorties et des promenades, emportez avec vous un sac imperméable qui se ferme bien pour glisser les couches sales.

Le thème des couches lavables est à aborder lors de votre recherche de mode de garde. Les crèches accueillent en général facilement la demande mais c'est un point essentiel à discuter avec l'assistante maternelle de votre bébé. Dans notre cas, c'est l'assistante maternelle de ma petite dernière qui m'a demandé si ça ne me tentait pas d'essayer les couches lavables. Vu les restrictions de sortie de poubelle dans notre commune, je vous laisse imaginer le problème qui s'est posé aux assistantes maternelles qui gardent trois ou quatre enfants en couche. Du coup, nous sommes passés aux lavables et cela nous a fort bien convenu. L'essentiel est d'échanger avec la personne qui garde votre enfant pour savoir comment elle appréhende la chose et pour trouver avec elle les solutions les moins contraignantes pour elle.

Si vous me demander mon avis, je regrette surtout de ne pas avoir commencé les couches lavables dès la naissance de mon premier enfant !

**Lingettes**

Les lingettes, c'est le déchet type qui est devenu un réflexe et que l'on peut éviter facilement. Voilà encore un produit que l'on applique sur les fesses et le visage de nos bébés qui possèdent pourtant une peau particulièrement fragile et qui contient bien souvent des produits allergisants. L'arrêt des lingettes est d'ailleurs l'une des premières préconisations en cas d'érythème fessier du nourrisson.

Les alternatives aux lingettes :

- le gant de toilette avec un peu d'eau du robinet permet un change doux et respectueux de la peau de bébé. Veillez à bien essuyer les fesses de bébé avec un linge propre en tapotant doucement car l'humidité favorise les rougeurs ;

- des lingettes lavables qui s'utilisent aussi bien avec de l'eau que du liniment oléo-calcaire. Vous pouvez les acheter facilement dans les magasins à tendance naturelle ou vous pouvez les coudre vous-même avec une face polaire et une face coton ou une face en éponge avec des tissus de récup' et dans vos anciennes serviettes de toilette ;
- pour le visage, fabriquez des lingettes carrées de 10 cm sur 10 cm et pour nettoyer le siège facilement, optez pour des carrés de 16 cm sur 16 cm. Après utilisation, vous pouvez les glisser dans le sac à couches sales lors des promenades ou dans un sachet spécial si vous n'utilisez pas de couches lavables.

Pour prendre soin des fesses de bébé, vous pouvez utiliser le liniment oléo-calcaire. Le liniment oléo-calcaire est un mélange d'huile d'olive et d'eau de chaux (solution d'hydroxyde de calcium). Cette préparation crémeuse peut avoir de nombreuses utilisations. Le liniment permet de nettoyer les fesses du bébé en douceur. Il s'utilise sans rinçage pour garder les fesses toutes douces en faisant barrière contre l'humidité !

Doux pour la peau, le liniment peut aussi s'utiliser pour les massages. Certains s'en servent pour crème hydratante mais attention, cela peut occasionner des boutons. Vous pouvez le trouver facilement en pharmacie, notamment sous des conditionnements flocon-pompe de 900 ml mais vous pouvez aussi le réaliser vous-même. Attention, étant donné que vous utilisez de l'eau de chaux, il existe un risque de brûlure, le mélange doit être parfaitement réalisé.

Réalisé dans de bonnes conditions d'hygiène, ce liniment se conserve au moins un mois.

Pour un flacon de ½ litre de liniment :

- 25 cl d'huile végétale, de préférence de l'huile d'olive
- 25 cl d'eau de chaux (disponible en pharmacie)
- 1 g de cire d'abeille

Désinfectez tout le matériel à l'alcool. Préparez un bain-marie assez grand pour contenir 2 petits bols (une sauteuse, une poêle). Versez l'eau de chaux dans un bol, l'huile et la cire dans un autre. Lorsque le bain-marie est à frémissement, posez-y le bol contenant l'eau de chaux. Deux minutes plus tard, placez-y celui contenant l'huile et la cire. Remuez un peu pour aider la cire à fondre. Au bout de quelques minutes, la cire sera fondue et les 2 phases à peu près à même température (l'idéal est de contrôler avec une sonde, 70 °C maximum). Retirez les 2 bols du bain-marie et versez l'eau de chaux dans l'huile, par petits filets en mélangeant à l'aide d'un petit fouet. Continuez de mélanger pendant

3 minutes, puis encore 3 minutes en plaçant le bol dans un fond d'eau froide pour accélérer le refroidissement de l'émulsion. Mettez en flacon. Que vous utilisiez du liniment acheté en pharmacie ou du liniment fabriqué par vos soins, pensez à secouer la bouteille avant toute application.

## La chambre

**Les vêtements**

En deux ans, votre bébé va changer jusqu'à huit fois de taille de garde-robe ! C'est vertigineux quand on y pense. D'ailleurs quand on va régulièrement en vide-grenier, on se rend compte que les placards des gens regorgent de centaine de vêtements de bébé. Il y a bien évidemment le plaisir de voir son bébé porter de jolis petits habits que l'on a sélectionnés pour lui mais le passage par la case « habits neufs » n'est pas une nécessité. Il existe différents biais pour confectionner la garde-robe de votre bébé. Autour de vous, vous avez peut-être un frère ou une cousine qui a eu un bébé quelques mois avant vous et qui sera ravi de vous faire profiter des habits qui ne vont plus à son enfant. En vous donnant ou en vous prêtant ces habits, c'est un excellent moyen pour eux de faire de la place chez eux.

Vous pouvez aussi vous fournir dans les magasins d'occasion ou chez Emmaüs où l'on retrouve vraiment tous les styles ! Un peu d'huile de coude pour ravoir certaines traces et un bon lavage en machine, parfois un bouton ou une doublure à repriser et voilà bébé équipé ! Vous pouvez aussi vous mettre à la couture, au crochet et au tricot. La grossesse est un moment parfait pour se pencher sur ces activités et fabriquer des petits vêtements de bébé est un excellent moyen d'apprendre les travaux manuels. Imaginez la fierté de voir votre nouveau-né dans les habits que vous lui avez vous-même confectionnés !

Dans votre entourage, vous avez peut-être également une maman, une mamie ou une tata qui tricote ? Demandez-lui de réaliser les petits modèles qui vous plaisent.

**Matériel de puériculture et jouets**

Comme pour les vêtements, faites fonctionner le réseau amical et familial. Tout ce qui est poussette, transat et gros équipement de puériculture représente un énorme budget. Le marché de l'occasion a sûrement de quoi vous combler. Réfléchissez à vos besoins véritables. Est-ce qu'une table à langer est nécessaire ou est-ce que je peux installer un coin change sur la machine à laver dans la salle de bain ? A-t-on-besoin d'une baignoire en plastique où est-ce que l'on peut donner les bains dans l'évier jusqu'à ce que bébé soit assez grand pour rester assis dans la baignoire ? Réfléchissez à chaque achat et mettez-le en perspective. S'il vous apparaît comme incontournable, alors cherchez d'abord à le trouver d'occasion et le plus recyclable ou le plus compostable possible. Pensez à miser sur des produits évolutifs notamment en ce qui concerne la chaise haute.

Les jouets de bébé n'ont que quelques années d'utilité. Pensez à favoriser le bois par rapport au plastique. Les jouets à piles sont une vraie plaie. Ils vous cassent les oreilles quand ils fonctionnent et c'est le drame quand les piles sont – bien souvent rapidement – épuisées. Vous vous rendez aussi compte que souvent, les bébés favorisent certains objets qui ne sont pas des jouets. Par exemple tout ce qui se trouve dans les placards accessibles de la cuisine...

Chapitre 8

# Le bureau, l'administratif, le travail et l'école

Sous votre bureau à la maison, la poubelle se remplit invariablement : feuilles de papier, stylos usés, cartouches d'encre...

Même chose sur votre lieu travail en ajoutant les gobelets en plastique et les touillettes, les emballages et les restes de votre déjeuner...

Imaginez deux secondes qu'il n'y ait plus de poubelle sous votre bureau et vous verrez qu'il existe de nombreuses solutions pour prendre la direction du zéro déchet dans ce domaine.

## Le matériel de base

Comme pour la cuisine et les autres pièces faites un grand tri ! Vous serez étonné de découvrir le nombre de stylos bille, d'agrafeuses et de paires de ciseaux que vous avez en votre possession. Faites donc le tri et conservez uniquement ce dont vous avez besoin. Si vous avez des enfants, conservez les feutres et crayons encore utilisables pour leur préparer leur trousse à la rentrée suivante. Les feutres seront dépareillés, et alors ? Gardez une réserve raisonnable qui servira à remplacer les objets en fin de vie en temps voulu. Une fois ces objets épuisés, vous les remplacerez par leurs homologues réutilisables.

Voilà une liste d'objets longue durée ou de récup' pour constituer la base de votre matériel :

- un pot qui regroupe votre matériel ;
- une paire de ciseau en métal sans plastique ;
- un stylo à encre rechargeable ;
- un crayon de papier sans gomme fixée dessus ;
- une gomme en caoutchouc naturel ;
- des trombones réutilisables à l'infini pour remplacer les agrafes ;
- un carnet de note de récup' réalisé par exemple avec des feuilles déjà utilisées d'un côté ;
- une règle en bois.

Si vous ne pouvez vous passer d'une imprimante, sachez que certains magasins proposent le remplissage des cartouches ce qui évite des déchets et vous permet d'économiser de l'argent. Une fois vos cartouches arrivées en fin de vie, déposez-les dans les bacs à recyclages qui se trouvent dans les magasins ou à la déchetterie. Certains sites proposent également le rachat de vos cartouches vides pour qu'elles soient nettoyées puis reconditionnées (p. 153).

## Passer au numérique

Le numérique nous offre une solution évidente pour limiter la production de papier.

C'est particulièrement vrai pour tout ce qui est administratif. Contactez les différentes administrations et vos différents fournisseurs pour leur demander de communiquer avec vous de manière numérique. Cette opération allège votre boîte aux lettres des enveloppes à fenêtres transparentes qui n'ont pas leur place dans le bac du recyclage du papier. Vous pouvez par exemple créer une boîte mail dédiée à l'administratif. Ainsi, cela vous évitera d'ouvrir vos factures de manière inopinée mais vous pourrez choisir le moment où vous vous occupez de tout cela.

Le numérique c'est bien pour économiser le papier mais c'est aussi beaucoup d'énergie qui est utilisée pour stocker vos données. Pour faire fonctionner les différents clouds et serveurs, la logistique est considérable. Envoyer un e-mail, stocker ses photos, tout cela mis bout à bout a un coût énergétique.

Voici quelques moyens de réduire votre empreinte numérique :

- éteignez votre ordinateur quand vous ne l'utilisez pas. Même en veille, il continue à consommer de l'énergie ;
- classez vos photos, éliminez les mauvaises et stockez-les sur disque dur plutôt que sur un cloud ;
- nettoyez votre boîte e-mail de tous les messages inutiles ;
- désinscrivez-vous des newsletters que vous recevez chaque jour. En plus, cela vous évitera d'être tenté par des achats inutiles et vous fera gagner beaucoup de temps car vous n'aurez plus à les lire et à les supprimer régulièrement ;
- quand vous envoyez une photo, envoyez-la en format réduit ;
- pour discuter avec vos collègues du bureau d'à côté, préférez vous déplacer physiquement. Selon l'ADEME (Agence De l'Environnement et de la Maîtrise de l'Énergie), une entreprise de 100 personnes génère avec ses mails l'équivalent du bilan carbone de 13 aller-retour Paris-New-York par an ;
- utilisez un dictionnaire, un dictionnaire des synonymes, les archives de la bibliothèque plutôt que Google. Une requête sur ce moteur de recherche coûte 7 g de $CO_2$ ;

- écoutez la radio sur un poste et non pas sur votre ordinateur ;
- éteignez votre box la nuit.

Le saviez-vous ? Un mail de 1 Mo génère l'émission de 19 grammes de $CO_2$. Si vous y ajoutez dix destinataires, ce chiffre est multiplié par 4 ! On oublie les « répondre à tous » si ce n'est pas nécessaire !

## Recycler son papier

Même en limitant au maximum son entrée dans la maison, le papier revient toujours ! Si vous avez des enfants, vous avez également un facteur d'aggravation majeur !

Avant de mettre le papier au recyclage, vous pouvez prolonger un peu sa vie. Conservez le papier utilisé d'un seul côté pour le proposer aux enfants lorsqu'ils veulent dessiner ou faire des travaux manuels, pour fabriquer des petits carnets où noter vos pensées et vos listes *to-do list*...

Le recyclage du papier est très important car il vient, avec le carton, alimenter 50 % des besoins de l'industrie papetière.

## La boîte aux lettres

Chaque jour ou presque, vous retrouvez dans votre boîte aux lettres divers catalogues et flyers distribués manuellement ou envoyés par voie postale. Ces papiers viennent le plus souvent alourdir votre poubelle sans que vous les ayez feuilletés. Ces publications sont là pour vous inciter à acheter et à consommer, mettez-les à distance ! Pour cela, rien de plus facile : collez un autocollant bien visible sur lequel est indiqué : « Pas de pub, merci » ou « Stop pub ».

Si vous recevez des catalogues par courrier suite à une commande ou un abonnement, contactez le service clients pour demander à être retiré de leur fichier. Le plus souvent, ces catalogues arrivent sous emballage plastique ce qui génère un nouveau déchet non recyclable. Si vous recevez des publications auxquelles vous n'avez jamais souscrit, même chose, contactez le service clients.

C'est assez laborieux et cela prend du temps et même parfois de l'argent car les appels aux services clients peuvent être taxés mais le résultat est rapide et extrêmement gratifiant. Les entreprises reçoivent également un nombre incalculable de catalogues et de sollicitations papier. Si votre champ d'action professionnel vous donne accès aux services visés par ces envois, n'hésitez pas à partager votre point de vue et à voir s'il est possible de diminuer ce type de pollution également sur votre lieu de travail.

Concernant les colis en carton et les enveloppes renforcées de plastique que vous recevez, conservez-les et réutilisez-les pour vos envois.

## Changer ses habitudes au bureau

Vous passez la moitié de la journée sur votre lieu de travail. C'est également un vaste domaine où vous pouvez pratiquer la réduction des déchets.

Cela commence par le café ou le thé que vous prenez habituellement à la machine. Apportez votre thermos rempli de votre boisson fétiche et laissez sur place une tasse lavable ainsi que ce qui vous fait plaisir pour accompagner votre pause du matin : sucre, cuillère en inox…

Apportez également une gourde que vous pourrez remplir régulièrement au robinet ou à la fontaine à eau. Vous éviterez ainsi de jeter de nombreux gobelets en plastique.

Si vous déjeunez à la cantine, apportez votre serviette de table. Si vous avez l'habitude de prendre à manger à emporter et de déjeuner au bureau, gardez sur place vos couverts et votre serviette. Essayez d'apporter vous-même vos déjeuners. Pourquoi ne pas cuisiner en plus grande quantité la veille pour apporter le surplus au travail ? Cela coûte bien moins cher que la nourriture à emporter, vous savez ce que vous mangez et vous pouvez contrôler vos déchets alors que les plats à emporter viennent avec leurs emballages plastiques. Vous verrez, vous ferez des envieux à l'heure de la pause déjeuner.

## L'école

Les listes de matériel scolaire peuvent être assez lourdes et spécifiques suivant le niveau scolaire de votre enfant. Soyez créatifs et cherchez des solutions au cas par cas :

- achetez classeurs, chemises pour copie, ciseaux, etc. dans des magasins d'occasion ou chez Emmaüs ;
- investissez dans un cartable ou un sac à dos solide qui pourra suivre votre enfant de nombreuses années ;
- si la cantine propose des serviettes jetables, glissez une serviette de table en tissu dans le sac de votre enfant ;
- demandez à l'enseignant s'il est possible de remplacer les ardoises blanches avec feutres par des ardoises noires et des craies. La craie ne termine pas aux ordures ménagères et l'ardoise noire a une

durée de vie supérieure à celle en plastique qui s'abime rapidement et doit être remplacée chaque année. Les craies sont également moins chères que les feutres effaçables. Encore une fois écologie rime avec économie ;

- les manuels scolaires : participez aux bourses aux livres organisés par les collèges et les lycées pour trouver les ouvrages au meilleur prix et pour revendre les vôtres afin de financer vos nouveaux achats. Pour protéger la couverture des livres, optez plutôt pour du papier kraft ou du papier magazine épais que pour du plastique transparent qui ne pourra être recyclé ;
- achetez les livres à étudier en français d'occasion ou empruntez-les à la bibliothèque.

Chapitre 9

# Le jardin et le bricolage

Jardinage et bricolage sont les deux mamelles de la réduction des déchets… ou pourraient l'être en tout cas dans la philosophie ! Dans un monde idéal zéro déchet, on se nourrirait des fruits du verger et des légumes du potager et tout dans la maison pourraient être construit et réparé par nos blanches mains. Dans les faits, c'est moins idyllique que ça mais en y travaillant, on peut largement réduire la voilure côté jardin et bricolage.

## Partager l'outillage

L'entretien d'un jardin et le bricolage, ça prend du temps et cela nécessite parfois un outillage particulier. Évidemment, le petit matériel comme les marteaux bèches et les pelles peuvent être utiles fréquemment si vous êtes un jardinier averti mais le gros matériel peut facilement être mutualisé avec vos voisins ou vos amis. Mettre en commun permet également de partager les frais de réparation s'il y en a, les frais d'essence de certains appareils et le stockage.

Exemple de matériel de jardinage qui peut être commun : tondeuse, tronçonneuse, brouette, taille-haies, pulvérisateur, scie…

Exemple de matériel de bricolage qui peut être mis en commun : scie-sauteuse, perceuse, visseuse, table à encoller le papier peint…

Si la situation fait que vous n'avez personne avec qui mettre en commun l'outillage, penchez-vous sur la location qui peut s'avérer rentable selon vos habitudes d'usage.

## Les poules

Les poules dans un jardin, c'est l'assurance de réduire sa poubelle avec en échange, le plaisir de récolter des œufs frais ! En effet, une simple poulette peut faire disparaître jusqu'à 150 kg de déchets organiques par an et alléger ainsi votre poubelle de déchets ménagers d'autant. Et si vous en avez un, votre composteur sera ravi de ne plus absorber des restes de nourritures pour se concentrer sur les déchets végétaux. D'ailleurs, certaines municipalités ont bien compris l'intérêt des poules et elles en distribuent à leurs concitoyens.

Une poule, ça mange tout ou presque et notamment ce qui plaît moins au composteur : la viande, le poisson, les plats en sauces, la purée, les restes de yaourt, les gâteaux, le pain (humidifié)… Nous avons eu le bonheur d'avoir deux poules dans le jardin durant 4 ans : Cocotte et Poulette. Elles mangeaient de tout, sauf les épluchures de légumes et les petits pois qu'elles snobaient. Il s'agissait de poules pondeuses rustiques qui nous ont offert un œuf par jour même en hiver ce qui nous a permis de ne pas en acheter du tout durant cette période. Autant vous dire que les enfants ont adoré avoir des poules car, il faut le savoir, c'est un animal qui aime la compagnie de l'homme ! Dès qu'elles en avaient la possibilité, Cocotte et Poulette venaient toquer à la porte de la cuisine pour quémander un petit quelque chose, de vrais chiens ! Nous espérons d'ailleurs en reprendre le plus vite possible car elles nous manquent à tous les niveaux.

Côté entretien, une poule prend peu de temps car elle est finalement assez autonome, elle entre et sort seule du poulailler. Il faut tout d'abord lui installer un poulailler confortable et sécurisé, lui offrir un parcours suffisant pour qu'elle puisse se promener et gratter et lui fournir du grain et de l'eau chaque jour. C'est ce qui peut être le plus contraignant d'ailleurs, sortir quel que soit le temps pour nourrir et abreuver les poules chaque matin. Mais la récompense, ce sont les œufs qu'elles vous offrent et la poubelle d'ordures ménagères au régime ! Quand vous partez en vacances, demandez à un voisin de nourrir vos poules en votre absence en échange des œufs frais, qui pourrait résister ?

Si vous souhaitez accueillir des poules chez vous, je vous conseille vivement la lecture du livre *Tout pour ma poule* d'Elise Rousseau (p. 157) qui aide de manière très concrète à prendre soin de ses poules.

## Le potager

Produire vous-même vos légumes, c'est le must en termes de réduction des déchets alimentaires. Et c'est un vrai plaisir pour les papilles. Avoir un potager, c'est avoir la main sur le produit que vous allez consommer. C'est savoir qu'il n'a pas subi de traitements, c'est se connecter à la terre et c'est prendre conscience de l'énergie et du temps qu'il faut pour faire grandir des légumes. Il est impossible que vous laissiez pourrir une tomate que vous avez fait grandir parce que vous savez ce qu'elle vaut. D'ailleurs, elle n'aura pas le temps de pourrir car elle sera dégustée à peine cueillie !

Quant au plaisir de voir les enfants revenir du jardin la bouche barbouillée de fraise, je crois qu'il n'y a pas besoin de disserter dessus.

Avec un potager, les possibilités sont infinies et dépendantes du temps et de l'espace que vous avez envie d'y consacrer. Certains légumes comme les radis, les panais, les courgettes (les courges en général d'ailleurs) et les salades font facilement leur vie tous seuls. D'autres demandent plus de vigilance comme les tomates par exemple.

Mais ne nous leurrons pas, un potager, c'est du travail ! Un travail récompensé par des produits sains certes mais du travail quand même.

Les potagers en carrés sont un bon moyen pour se lancer. Leur espace est réduit, leur entretien limité et vous commencez à petite échelle. Le terreau issu de votre compost deviendra votre meilleur ami pour booster votre potager ! C'est un beau cercle vertueux qui se met en place quand on se lance dans cette aventure. Si vous essayez au potager vous effraie un peu, commencez doucement avec un potager aromatique. Faire pousser les herbes dans son jardin ou sur son balcon permet d'avoir un premier contact avec la terre et on y prend vite goût. Idées de plantes aromatiques faciles d'entretien : romarin, thym, ciboulette, persil, menthe... De mon côté, j'ai plus de mal avec le basilic et la coriandre mais la météo y est aussi pour beaucoup.

Sur le sujet, le blog reptilyfamily.free.fr est super inspirant. N'hésitez pas à remonter dans les archives. L'auteur du blog, Rodolphe Grosléziat a également publié deux livres passionnants sur le sujet : Le potager anti-crise et *Un petit potager productif* (p. 157).

## Le verger

Autant le potager est demandeur en temps et en énergie de votre part, autant le verger va faire sa petite vie de son côté, ou presque ! Une taille annuelle (au printemps pour les fruits à noyaux, en hiver pour les fruits à pépins) suffit en général à l'entretien des arbres fruitiers. Variez les plaisirs pour profiter des produits de votre verger en toute saison : cerises, abricots, pêches et figues en été, pommes, poires et noix en automne…

## Récup' et palettes

L'aménagement du jardin peut être un vaste chantier qui coûte cher en matériaux. Essayez au maximum de récupérer autour de vous ce qui vous sera utile. Cela va des pots de fleurs à dénicher en vide-grenier ou chez Emmaüs aux pierres pour vos bordures que vous pouvez trouver gracieusement sur le bon coin. Optez pour les versions les plus écologiques possible pour vos aménagements. Vous pouvez par exemple récupérer les tiges de bambous et les réutiliser pour faire des petites palissades. Oubliez en revanche les traverses de chemin de fer que l'on utilise facilement au jardin ; certes, c'est de la récup' mais ce bois est tellement traité (notamment avec de l'arsenic) qu'il est polluant.

Avec des palettes en bois, vous pouvez réaliser bon nombre de choses dont vous avez besoin pour le jardin : potager carré, salon de jardin, porte-jardinière, cabane pour les enfants, etc. Les palettes sont conçues pour être réutiliser et faciles à travailler. En bois naturellement imputrescible, elles servent aussi bien à fabriquer des meubles pour l'intérieur que des aménagements pour l'extérieur. Préférez des palettes non-marquées, c'est à dire qui ne présentent pas de tampon EUR EPAL ou MB car elles sont traitées.

## Des réserves maison

Si vous avez le bonheur d'avoir un potager et/ou un verger généreux, vous ne pourrez pas tout consommer au fur et à mesure des récoltes. Optez alors pour la mise en pot ou en conserve de vos trésors du jardin ! Remplissez des pots en verre de récup' stérilisés de confiture, de compote, de gelée, de ratatouille, de cornichons au vinaigre, de sauce tomate, de limoncello... Je vous fais confiance pour trouver de bonnes idées ! Vous pouvez également conservez vos fruits en les réservant au congélateur juste après leur cueillette.

Chapitre 10

# Fiesta, loisirs et vacances

Réduire ses déchets, c'est un mode de pensée qui incite à aller dans les détails petit à petit pour s'améliorer un peu plus chaque jour.

Une fois qu'on a pris le pli, on a envie de limiter ses déchets dans tous les domaines même dans ceux dits « de loisirs ».

Même quand cela paraît compliqué ou impossible, des améliorations s'offrent à nous et non, ça n'est pas forcément tue la joie !

## Recevoir zéro déchet

Si l'on réussit à maîtriser ce que l'on fait entrer soi-même dans sa maison et dans son circuit de consommation, il est plus compliqué d'avoir la main sur ce que les gens de l'extérieur apportent chez vous. Un apéro entre copains tourne vite au carnage côté emballages : sachets de chips, boîte à Bretzel, blister de saucisses cocktail, emballage de houmous… Lors d'un dîner, vos invités, pensant vous faire plaisir, vous apportent un bouquet de fleur sous emballage plastique, un cadeau emballé dans un papier...

À la question: « Qu'est-ce que je peux apporter ? », répondez à vos invités en toute sincérité ! Si vous aimez les fleurs coupées, demandez-les sans emballages par exemple.

Côté service de table, optez pour du réutilisable, évidemment. Adieu les nappes en papier et les couverts en plastique. Même pour les enfants, même pour les barbecues ! Une vaisselle blanche classique vous permet de décliner n'importe quelle déco autour. Même chose pour la nappe: choisissez quelques modèles – mais une nappe peut suffire aussi – qui vous permettent de varier les décorations pour éviter de vous lasser et équipez-vous de serviettes de table lavables. Faites un tour dans la nature pour trouver de quoi égayer votre table. Suivant les saisons: pommes de pin, houx, bouquet de fleurs sauvages, mousse, feuillage... Une fois la fête terminée, tout pourra filer au compost. Vous pouvez aussi utiliser des fruits et des légumes pour vos centres de table et les déguster ensuite ! Ajoutez quelques bougies – que vous pouvez aussi réaliser vous-même -, un feu de bois dans la cheminée ou un parasol au-dessus de la table de jardin, un peu de musique, des amis, de la bonne humeur et profitez du moment !

## Noël et Pâques

Voilà deux fêtes qui génèrent un nombre incalculable de déchets et de la surconsommation à qui mieux-mieux. Mettez le nez dans votre gros carton « Noël » et ne gardez que les déco qui vous plaisent vraiment et qui fonctionnent encore. Mieux vaut de belles guirlandes touffues que de pauvres guirlandes électriques qui clignotent seulement à moitié. Facilitez-vous la vie !

### Une fiesta zéro déchet ?

Et si vous invitiez vos amis à une fête zéro déchet, pour partager vos nouvelles bonnes habitudes ? Chacun peut apporter un plat de sa composition réalisé avec des produits frais et sans emballages par exemple ? La déco de votre composition sera 100 % naturelle, réutilisable ou compostable. Les cadeaux des invités seront eux aussi zéro déchet et s'ils n'ont pas d'idée, vous pourriez leur en souffler ! Mettez une poubelle au milieu de la pièce et montrez qu'elle peut rester vide toute la soirée. C'est l'occasion de partager vos convictions et d'échanger autour de la thématique.

Côté sapin, un vrai arbre est certes compostable mais pas vraiment écologique car les sapins de Noël sont cultivés seulement dans ce but. Et ils terminent bien souvent sur le trottoir dans les villes. Je ne vais pas vous mentir, nous n'avons pas ou plutôt je n'ai pas encore passé le cap du sapin alternatif. Le vrai sapin sent si bon, il représente pour moi l'essence de Noël. Sinon, vous pouvez essayer la plante verte de Noël, le sapin en PVC d'occasion qui durera toute votre vie, le sapin en bois de récup', le sapin dessiné sur un grand poster…

Pour les cadeaux, filez page suivante. Pour les repas, ne voyez pas trop grand. Il est finalement assez triste de se dire que l'on mange le plat alors que, gavé par l'apéritif et l'entrée, on est déjà plein ! Réduire les quantités semble contraire à l'idée que l'on se fait des repas de Noël mais cela permet de mieux savourer les plats proposés.

Pour Pâques, la chasse aux œufs est bien souvent incontournable. Achetez le chocolat chez un chocolatier et demandez-lui de le mettre directement dans une pochette en toile qui fera office de cadeau également. Vous pouvez aussi cacher des vrais œufs et échanger chaque œuf trouvé par les petits chasseurs par son équivalent en chocolat.

## Offrir des cadeaux

La plupart du temps, un cadeau est un déchet en puissance. Et si on inversait la tendance en allégeant la poubelle et en décuplant le plaisir ?

Au lieu d'acheter des choses à offrir, vous pouvez offrir des choses à faire, des expériences à vivre. Les possibilités sont infinies et s'ajustent à tous les porte-monnaie. Qu'il s'agisse d'un enfant ou d'un adulte, il s'agit en général de cadeaux dont on parle pendant longtemps ensuite, permettant de prolonger le plaisir.

Exemple de cadeaux à vivre : une place de cinéma, un ticket de concert, un stage de surf, une invitation à un goûter maison, un don à une association caritative, un cours de couture, un massage, un baptême de plongée, une nuit à l'hôtel, un week-end en thalassothérapie…

Si vous voulez offrir des fleurs, demandez à votre fleuriste de ne pas mettre d'emballages. La plupart du temps, un bouquet se suffit à lui-même et l'emballage en plastique éphémère tend à lui faire perdre de sa fraîcheur. Si votre jardin est généreux, vous pouvez également cueillir un petit bouquet, c'est une attention qui touche toujours beaucoup ceux qui le reçoivent. La plante en pot est aussi une option sympathique, surtout si vous avez vous-même réalisé une bouture avec une de vos plantes et que votre pot est de récup' ! Alors là, vous approchez du 100 % zéro déchet ! Pensez aussi aux cadeaux faits-maison ! Si vous avez des talents de couturière ou de tricoteuse, il s'agit de merveilleux cadeaux à faire.

### L'emballage des cadeaux

Le papier cadeau est une plaie ! Il n'est pas recyclable et a tendance à faire doubler le volume de votre poubelle de déchets ménagers à Noël et lors des anniversaires. Conservez le papier des cadeaux que vous recevez pour les réutiliser plus tard.

Utilisez du papier journal ou du papier de récup' comme les dessins de vos enfants par exemple. Agrémentez vos paquets d'un feuillage si le cœur vous en dit.

Le furoshiki est également une jolie alternative zéro déchet venue du Japon ! Il s'agit d'un tissu qui sert aussi bien de sac que de papier cadeau. Recycler vos anciens foulards ou achetez-les à petits prix en seconde main. Cela donne des paquets très colorés et qui sait, cela donnera peut-être l'idée à la personne qui l'a reçu d'emballer le prochain cadeau qu'elle vous destine avec ?

Pour les enfants, fréquentez les vide-greniers, **ebay** et **leboncoin** pour trouver des jouets d'occasion. Essayez de leur expliquer que plus ils ont de jouets, moins ils jouent avec. Proposez aux grands-parents de se joindre à vous pour un cadeau commun : un vélo + un casque + les protections par exemple. Ou encore un stage de natation + un maillot de bain + une serviette de piscine.

Lors des anniversaires de vos amis, pensez aux cadeaux groupés. Ils permettent d'offrir des cadeaux que l'on ne peut pas faire tout seul. Côté objet, cela évite d'accumuler des petites babioles et cela permet aussi de participer au financement d'un voyage.

## Le pique-nique

Le pique-nique, c'est comme l'apéro, c'est le point culminant du déchet !

Pourtant, il n'est pas compliqué d'apporter un plaid vieillissant pour s'installer dessus, sa salade maison dans un bocal en verre – meilleures que les salades industrielles noyées dans la mayo –, une quiche maison ou des sandwiches de votre composition, vos propres couverts en inox, vos serviettes de table, un torchon pour remplacer l'essuie-tout, un couteau-suisse (indispensable pour ouvrir la bouteille de rouge !), du saucisson artisanal, du pain frais... Le tout dans votre sac en paille pour un look vraiment zéro déchet !

**Bee-wraps**

Pratiques pour faire vos courses, les bee-wraps sont également très utiles pour emballer vos sandwiches ! Il s'agit de morceaux de tissus recouverts de cire d'abeille qui ressemblent un peu aux papiers cirés des charcutiers. Ils peuvent s'acheter dans le commerce. Pour les réaliser, ce n'est pas très compliqué, il suffit d'avoir un peu de temps. J'utilise la recette trouvée chez **fabriquéenutopie.fr**

Matériel :

- coupons de tissus de la taille de votre choix, ourlés ou non. Testez avec des tissus plus ou moins épais pour trouver votre bonheur,
- cire d'abeille en pain (en magasin bio ou chez votre apiculteur, bien moins chère !),
- une râpe (que vous dédierez à cet usage).

Râpez la cire d'abeille. Préchauffez le four à 80 °C. Déposez votre coupon de tissu sur une feuille de papier sulfurisé (réutilisable à volonté pour ce tuto) sur une plaque de cuisson. Parsemez généreusement des copeaux de cire d'abeille. Enfournez quelques minutes en surveillant attentivement. Quand la cire est fondue, laissez séchez une vingtaine de secondes en tenant le tissu par 2 angles puis accrochez-le 5 minutes sur le fil à linge. Et voilà, il est prêt !

Le bee-wrap se nettoie à l'eau froide et au savon car l'eau chaude le fait ramollir. Si vous constatez qu'il s'use, il suffit de le repasser au four avec de la cire aux endroits élimés. Attention, la cire d'abeille colle facilement sur toutes les surfaces. Pour nettoyer les zones tâchées, il suffit de s'y attaquer avec de l'eau chaude sur un chiffon.

## Les vacances

En quittant sa maison, on peut avoir tendance à oublier ses bonnes habitudes niveau réduction des déchets parce que l'on sort de sa zone de confort.

Voilà quelques idées pour continuer sur votre bonne lancée :

- pour vos déplacements, préférez le train à la voiture et à l'avion. C'est le mode de transport en commun qui propose l'empreinte carbone la plus légère ;
- durant vos voyages, le mieux est d'anticiper vos repas pour éviter d'acheter des sandwiches sous-vide et des jus de fruits en briques. Préparez-vous des petits sandwiches ou des salades dans vos propres emballages, apportez des fruits pour les petites faims et des gourdes d'eau pour toute la famille ;
- pratiquez l'échange de maison ou louez votre maison pendant vos congés. Cela vous permet de faire baisser largement votre budget vacances ;

- testez le camping sous toile de tente ! Plus vous êtes proches de la nature, plus vous réalisez à quel point la réduction des déchets est primordiale ;
- sur le lieu de vacances, renseignez-vous sur les modalités de tri sélectif ;
- emportez vos sacs et vos bocaux pour continuer à faire des courses générant le moins de déchets possible ;
- comme à la maison, privilégiez les petits producteurs et évitez les supermarchés pour faire vos courses alimentaires ;
- privilégiez les activités gratuites qui ne nécessitent pas d'investissement en matériel – ou un investissement le plus léger possible – comme les marchés artisanaux, les visites culturelles gratuites, les randonnées, la pêche à pied, le surf, les bains de mer, les concerts gratuits, les festivals, les dégustations, les chasses aux trésors, les feux d'artifice, les opérations portes-ouvertes de certaines entreprises... N'hésitez pas à vous renseigner auprès de l'office du tourisme de votre destination.

**Boîte à astuces**

Si votre médiathèque ne vous fournit pas une liste des documents empruntés (la mienne m'envoie un mail après chaque salve d'emprunt), dédiez un sac en toile à l'usage de la médiathèque et rangez-y les ouvrages lus. Cela vous permettra de ne pas courir après le jour où vous voulez les rapporter.

Pour avoir accès à un plus grand choix de lecture sans générer de nouveaux déchets, plusieurs options s'offrent à vous :

- choisissez la lecture numérique. Kobo, Kindle ou autre, ces petites tablettes vous permettent d'acheter en ligne ;
- si vous aimez par-dessus tout la lecture papier, fournissez-vous dans les librairies d'occasion, chez Emmaüs, dans les vide-greniers ;
- pratiquez l'échange de livres avec vos amis ou empruntez-leur des livres. Soyez attentifs à toujours retourner un livre que l'on vous a prêté ;
- pour les amateurs de journaux et de magazines, préférez les acheter en librairie car ils sont le plus souvent envoyés sous blister.

## La lecture

Vous aimez lire mais cette passion peut vite se révéler coûteuse et gourmande en termes de place ! Ne vous inquiétez pas, il y a pas mal d'alternatives pour vous permettre de continuer à étancher votre soif de lecture sans utiliser de papier !

Prenez une carte d'abonné à la médiathèque de votre ville. Vous avez accès à une bibliothèque assez large qui peut couvrir vos goûts. Les bibliothécaires peuvent vous conseiller et vous pouvez également suggérer des ouvrages à acheter. En général, vous pouvez aussi emprunter des CD de musique et des DVD. Un joli moyen de faire de la place dans vos placards et de vous offrir un nouvel accès zéro déchet à la culture.

## Les animaux de compagnie

Évidemment, je vous conseille les poules comme meilleur animal de compagnie côté réduction des déchets !

Pour l'habitat des animaux domestiques, il n'y a pas à aller chercher bien loin. Les niches, paniers à chien et chat, aquariums, cages pour rongeurs sont à vendre en quantité impressionnantes sur les sites d'occasion. Même chose en vide-grenier ! Si vous cherchez de quoi vous équiper pour votre nouvel animal de compagnie, vous pouvez sans problème lui offrir tout ce dont il a besoin en seconde main.

Pour la nourriture de vos animaux, achetez au maximum en grande quantité sous sacs en papier pour pouvoir recycler l'emballage. Si vous avez des lapins, des petits rongeurs, des tortues ou d'autres animaux qui aiment les légumes, demandez à votre maraîcher de vous vendre à bas prix ou de vous donner ses légumes un peu gâtés. Cela évite du gâchis de son côté et vous permet d'alléger le budget nourriture pour vos animaux. Si vous voulez utilisez votre compost sur votre potager, ne mettez pas la litière sale de votre chat ou les déjections félines et canines en général. Même si les litières sont compostables, les excréments des animaux peuvent favoriser différentes maladies, notamment la toxoplasmose. En revanche, aucun souci pour la litière de lapin ou de cochons d'Inde, à condition qu'elle soit d'origine 100 % végétale.

# Le mot de la fin...

Mis bout à bout, tous ces petits gestes font beaucoup. Alors certes, on n'est pas « Zéro Déchet » mais on avance et la poubelle de déchets ménagers est de plus en plus mince.

Finalement, quand on parle de réduction des déchets, il faut oser. Il faut aussi parfois se bousculer et se donner des défis. À vous de jouer maintenant, à vous de trouver les petits et grands gestes du quotidien qui vont vous mettre sur le chemin de la réduction des déchets. À vous de continuer ce que vous avez déjà engagé comme action, à vous de trouver votre équilibre, à vous d'inspirer votre entourage car chaque personne de plus qui s'ajoute à la liste allège la grande poubelle mondiale.

# Adresses utiles

Pour continuer à explorer l'univers de la réduction des déchets et pour consommer mieux, voilà quelques adresses à découvrir sans modération.

## Pour acheter responsable

**www.reseau-amap.org** – Trouvez l'AMAP (Association pour le Maintien d'une Agriculture Paysanne) la plus proche de chez vous et souscrivez aux paniers pour avoir régulièrement des légumes et des fruits frais et de saison !

**https://laruchequiditoui.fr** – La Ruche qui dit Oui vous permet de commander en ligne directement aux agriculteurs et artisans de votre région.

**https://fermesdavenir.org** – Le réseau Fermes d'avenir agit pour le développement de la permaculture et l'agroécologie.

**www.spareka.fr** – Spareka propose des pièces détachées qui vous permettent de réaliser vous-même les réparations concernant l'électroménager de votre maison.

## Pour l'hygiène et la beauté

**www.tendances-emma.fr – www.lamazuna.com – www.plim.fr –www.mooncup.co.uk/fr – www.dansmaculotte.com/fr – www.brindilles.fr – www.myboocompany.fr – www.fempo.co – www.petitesculottees.fr**

## S'engager

**www.zerowastefrance.org/fr** – Donner du temps, de l'argent, s'engager en tant qu'individu, association ou société, tout est possible avec Zero Waste France.

**www.halteobsolescence.org** – Pour chercher ensemble des solutions, agir et pour dire non avec l'Association HOP (Halte à l'Obsolescence Programmée).

**www.initiativesoceanes.org** – Un programme de Surfrider Foundation Europe pour réduire et prévenir la pollution liée aux déchets aquatiques.

## Le recyclage

**www.pilessolidaires.org** – Opération Piles Solidaires pour optimiser au mieux le recyclage des piles avec plusieurs niveaux d'action (pédagogique, humanitaire et écologique.

**www.bouchonsdamour.com** – **www.federation1bouchon1sourire.com** – **www.handicaprevention.com** – Pour recycler les bouchons et offrir du matériel utile aux personnes handicapées.

**www.lunettes-sans-frontiere.fr** – Récolte vos lunettes et les envoie aux personnes qui pourraient en avoir besoin.

**www.cyclamed.org** – Seul organisme susceptible de collecter les médicaments pour qu'ils engendrent le moins de pollution possible.

**www.lerelais.org** – Le Relais valorise et collecte tous vos textiles.

**www.cartouche-vide.fr** – Ce site propose le rachat de vos cartouches vides pour qu'elles soient reconditionnées

## Blogs inspirants

**www.zerowastehome.com** – Le blog de Béa Johnson est évidemment LA référence.

**www.famillezerodechet.com** – Avec beaucoup d'humour, Bénédicte Moreau et Jérémy Pichon partagent leur quotidien de famille zéro déchet. Retrouvez-les également sur leur page et leur groupe Facebook où une large communauté échange sur le sujet : **www.facebook.com/famillezerodechet/**

**www.trashisfortossers.com** – Si vous parlez anglais, découvrez les vidéos de Lauren qui vit à New York et qui est passée au zéro déchet de manière assez radicale. Elle commercialise d'ailleurs une ligne de produits sur le sujet.

**fabriquéenutopie.fr** – Camille a commencé par se lancer dans une année où elle s'est engagée avec sa famille à n'acheter que français ou d'occasion. Sur sa lancée, elle a pris le pli zéro déchet. Véritable MacGyver, elle propose des tas de bonnes idées et de DIY pour faire diminuer les poubelles. @lilacam sur Instagram.

**www.myslowlife.fr** – Chloé partage sur son blog son cheminement vers une vie slow et minimaliste. Son onglet « Zéro Déchet » est une mine d'idées !

**www.tiffinlyon.com** – Créatrice d'une box « Zorro Déchet », Tif vous propose ses astuces et ses adresses avec bonne humeur.

**reptilyfamily.free.fr** – Remontez les archives de la Reptily Family et inspirez-vous de leurs expériences pour cultiver votre propre potager et cheminer tranquillement sur la voie de l'autosuffisance.

**www.instagram.com/zerowastemilf** – Via son compte Instagram, cette quarantenaire met en image son quotidien vers le zéro déchet de manière décontractée et honnête.

Également sur **www.elleemballe.com** avec des emballages en tissus 100 % récup' !

# liographie


…ct *Man*, éd. 10/18.

…dolphe), *Le potager anti-crise* et *Un* …*productif*, éd. Ulmer.

…ON (Béa), *Zéro Déchet*, éd. Les Arènes.

KONDO (Marie), *La Magie du rangement*, éd. First.

LOREAU (Dominique), *L'art de la simplicité, simplifier sa vie, c'est l'enrichir*, éd. Robert Laffont.

PICHON (Jérémy) et MOREAU (Bénédicte), *La famille presque zéro déchet*, éd. Thierry Soucar.

ROUSSEAU (Élise), *Tout pour ma poule*, éd. Delachaux et Niestlé.

SOLARO (Marjolaine), *Le dico des petits et gros bobos*, éd. First.

*La Revue Dessinée* #15, Printemps 2017.